本书由中国科协高端科技创新智库青年项目（项目批准号：DXB-2KQN-2016-37）
中国博士后科学基金面上项目（项目批准号：2016M602750）资助出版

# 跨国直接投资与产业结构升级

贾妮莎·著

时事出版社
北京

# 目录

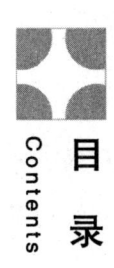

前言 ……………………………………………………………… 1

## 第一章　导言 ……………………………………………………… 1

### 第一节　研究背景及问题提出 ………………………………… 1
一、研究背景 ……………………………………………… 1
二、问题提出 ……………………………………………… 5
三、研究意义 ……………………………………………… 6

### 第二节　相关概念阐述 ………………………………………… 8
一、国际直接投资 ………………………………………… 8
二、产业结构升级 ………………………………………… 10

## 第二章　研究综述和理论基础 …………………………………… 13

### 第一节　有关对外直接投资的研究综述 …………………… 13

一、产业组织角度 ································································ 14
　　二、国际投资角度 ································································ 20
　　三、相关研究评论 ································································ 26
第二节　有关产业结构的研究综述 ············································ 28
　　一、国外关于产业结构的研究 ················································ 28
　　二、中国关于产业结构的研究 ················································ 30
第三节　对外直接投资与产业结构发展的理论基础：分工 ········ 33
　　一、分工与产业结构发展 ······················································ 34
　　二、国际分工深化与对外直接投资 ········································ 39
　　三、分工、国际直接投资和产业结构发展 ······························ 42

第三章　中国对外直接投资的发展概况 ········································ 43

第一节　中国对外直接投资的发展历程 ······································ 44
　　一、对外直接投资流量 ·························································· 44
　　二、对外直接投资存量 ·························································· 46
第二节　中国对外直接投资的现状分析 ······································ 48
　　一、中国对外直接投资的主体结构 ········································ 48
　　二、中国对外直接投资的行业特征 ········································ 52
　　三、中国对外直接投资的区域分布 ········································ 58

第四章　对外直接投资促进产业结构调整的理论机制 ················ 64

第一节　顺梯度ODI与产业结构升级 ········································ 66
　　一、理论框架与对外直接投资范围的确定 ···························· 66
　　二、要素结构的变化 ···························································· 71

三、收入水平的变化 ············································· 75

　　四、产业技术的变化 ············································· 77

　　五、贸易结构的变化 ············································· 78

第二节　逆梯度 ODI 与产业结构升级 ····························· 81

　　一、理论框架与对外直接投资范围的确定 ················· 81

　　二、要素结构的变化 ············································· 82

　　三、收入水平的变化 ············································· 85

　　四、产业技术的变化 ············································· 87

第三节　本章小结 ······················································· 88

## 第五章　中国对外直接投资的产业内结构效应
　　　　——基于微观视角 ··········································· 90

第一节　中国 ODI 对产业内结构的影响：要素收入分配 ······· 90

　　一、机制分析 ······················································ 93

　　二、模型设定 ······················································ 96

　　三、变量设定 ······················································ 100

　　四、数据说明 ······················································ 104

　　五、对外直接投资与母国劳动收入份额 ···················· 107

　　六、对外直接投资与母国高低技术工人收入分配 ········ 116

　　七、小结 ···························································· 129

第二节　中国 ODI 对产业内结构的影响：产出份额变动 ······ 130

　　一、产业升级框架 ················································ 131

　　二、模型设置与数据选择 ······································· 132

　　三、实证结果分析 ················································ 134

四、小结 ························· 143

## 第六章　中国对外直接投资的产业间结构效应
　　　　——基于宏观和中观视角 ··············· 145

### 第一节　中国对外直接投资与产业间结构升级的
　　　　非线性 Granger 检验 ················ 145
一、指标的选取说明和数据来源 ·············· 146
二、单位根检验 ····················· 147
三、非线性检验 ····················· 148
四、非线性 Granger 因果检验 ··············· 148

### 第二节　中国双向 FDI 的产业结构效应变化趋势 ······· 152
一、影响机制 ······················ 153
二、模型和变量选择 ··················· 156
三、实证结果分析 ···················· 158
四、小结 ························· 168

### 第三节　对外直接投资与产业间结构的中介效应 ······· 169
一、数据来源及模型设计 ················· 169
二、实证结果分析 ···················· 174
三、小结 ························· 178

### 第四节　本章小结和评论 ·················· 180

## 第七章　总结与政策建议 ··················· 182

### 第一节　主要结论 ····················· 182
### 第二节　政策建议 ····················· 186

一、制定"差异化的同时并进"对外直接投资政策 ……… 186
二、建立并完善国内对逆向技术外溢的吸收—创新机制 … 188
三、进一步完善投资信息咨询机制 …………………… 189

**参考文献** ……………………………………………… 191

# 前　言

改革开放以来，中国经济实现了高速发展，GDP 由 1978 年的 3645 亿元增长到 2017 年的 827122 亿元，增长了 410 倍，但同时中国经济也进入了一个关键的转型时期。一方面，中国传统产业供给过剩，新兴产业、高新技术产业的引擎动力明显不足，产业发展"青黄不接"，产业结构严重不合理。另一方面，中国的"走出去""一带一路"倡议正发展得如火如荼。我们知道中国的经济发展离不开世界经济，中国经济的每一次"飞跃"都是以更深层次的开放为前提的。随着全球化的推进和国际分工的深化，研究对外直接投资与中国产业结构之间的关系就显得尤为重要。那么，我们不禁要问，对外直接投资究竟如何影响母国的产业结构？两者之间是否具有一定的理论联系？影响机制又是什么？中国作为一个发展中国家，对发达国家的逆梯度对外直接投资和对发展中国家的顺梯度对外直接投资对国内产业结构的影响有什么区别？出于不同目的的对外直接投资对产业结构的影响又有何区别？随着中国国际化程度的加深，对外直接投资的产业结构效应是否呈现某种变化趋势？进一步，在中国面临产业结构调整的关键时期，对外直接投资可能会扮演一个什么样的角色？

针对上述问题，本书借助中国科协高端科技创新智库青年项目基金项目《双向直接投资下中国与沿线国家产业结构联动升级研究》，在准确把握当前中国经济发展面临的形势基础上，按照"理论基础——对外直接投资现状分析——对外直接投资与产业结构的理论分析——对外直接投资与产业结构优化的实证分析"这条主线，将对外直接投资与产业结构调整理论结合起来，采用理论与实证分析相结合的方法对对外直接投资与产业结构升级的相关性做了系统分析。具体来讲，主要内容有三部分：第一，对外直接投资与产业结构升级的理论基础。本部分首先对产业结构和对外直接投资两大类领域的文献分别进行了梳理和评论，其次以分工为出发点建立对外直接投资、产业结构与分工的理论联系，指出分工是联系对外直接投资与产业结构的理论桥梁。第二，构建对外直接投资与产业结构升级的理论模型。本部分将对外直接投资区分为投向发展中国家的顺梯度 ODI 和投向发达国家的逆梯度 ODI，并从理论上分别分析了发展中国家不同类型的 ODI 对母国产业结构的影响。第三，对外直接投资与中国产业结构升级的实证分析。本部分首先利用中国制造业微观企业数据分别从要素结构、要素收入分配以及产业内结构等方面检验 ODI 对产业内结构变动的影响，并进一步区分检验顺梯度 ODI 和逆梯度 ODI 以及基于不同目的类型的 ODI 对产业内结构变动的影响；其次利用中国宏观数据对 ODI 与产业间结构升级的相关关系进行非线性 Granger 因果检验；再次运用行业数据对双向 FDI 的产业结构效应进行非参数分析，同时得出双向 FDI 的产业间结构效应的变化规律。

# 第一章 导言

## ◆ 第一节 研究背景及问题提出 ◆

一、研究背景

自改革开放以来,中国经济持续了35年年均近9%以上的高速增长,世界罕见,被誉为"中国奇迹"。1978年,中国的国内生产总值为3645.22亿元,人均GDP仅381元,到了2016年,国内生产总值达到743585.5亿元,人均GDP达到53935元,GDP增幅高达203.99倍,人均GDP增幅达到141.56倍。[①] 在中国经济取得如此巨大发展的同时,工业化进程也进入到一个重要的拐点。2016年,中国人均GDP为8113美元(2016年价格),根据产业结构的经典理论,当一国人均GDP超过6000美元时,该国应基本实现了工业化,并应实现产业从以资源和劳动密集型为主转型升级至以资本、技术密集型为

---

① 数据来源于《中国统计年鉴》。

主的过程。在产业结构的构成上（如图1—1），1978年中国第一、二、三产业的产值比重分别为28.2%、47.9%、23.9%，到2016年，这一比重变为8.6%、39.9%、51.6%。可以发现，第一产业比重大幅下降，第二产业比重略有下降，而第三产业则稳步上升，在2013年比重超越了第二产业成为国民经济的主体。所以，无论是从人均GDP还是三次产业结构来看，中国均已进入产业结构转型的重要阶段。

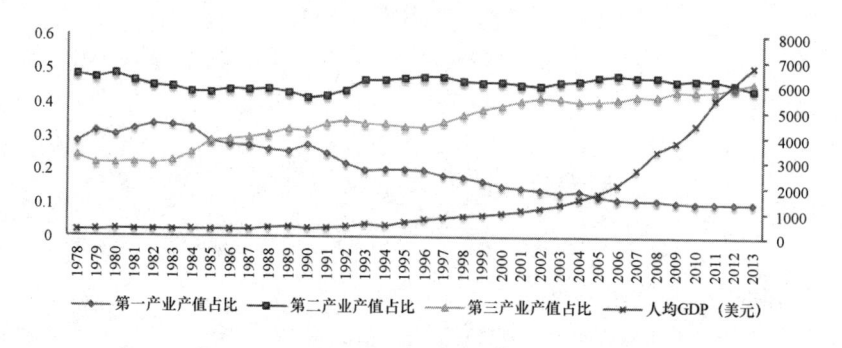

**图1—1　1978—2013年中国产业结构变迁**

资料来源：作者自制。

而当前中国的产业结构转型面临着多重压力。众所周知，中国多年来的高增长都是以高投入、高消耗为基础的。中国是制造业大国，制造业的成长具有较强的代表性，因此我们以制造业为例，通过数据测算，资本对制造业增长贡献达63.04%，劳动力的贡献为26.23%，而全要素生产率的贡献仅为10.72%（郑若谷，2009）。这种以要素投入为驱动的增长模式所带来的问题严重阻碍了中国经济的可持续性发展。首先，生存、生产环境遭到严重破坏。中国制造业的高速发展很大程度上是以能源消耗为特征，这不仅使得制造业的可持续发展面临严峻的资源约束,更重要的是使得人们的生存、生产环境遭到破坏。其次,中国以低廉劳动力为比较优势的国际地位难以为继。中国制造业大国地位的奠定是以低廉的劳动力为基础的,但随着中国国民经济的发展和工人工资水平的提高,低廉劳动力的比较优势正在逐渐丧失,同时随着"刘易斯拐点"的临近,劳动人口也逐渐减少,因此继续加强推进以廉价劳动力为主的比较优势产业在中国已难以为继。第三,产能过剩、竞争过度。中国参与全球分工时多以廉价劳动力为比较优势,这导致了中国制造业多处于产业价值链的低端,随着世界经济发展的放缓,中国制造业出现了产能过剩、竞争过度的不良格局。最后,中国以"高能耗、高投入"为主的经济发展模式造成了产业之间相互联系不紧密,尤其是服务业与制造业之间缺少相互支撑(郑若谷,2011),严重阻碍了中国经济的进一步发展。总之,产业结构严重不合理、产业结构处于价值链低端、产业间相互支持发展不足成为中国产业结构的一个突出现象,因此产业结构转型是中国现阶段亟需解决的问题。

中国经济所取得的成功也离不开世界的发展,经济全球化是新时代的主题。党的十七大报告明确提出,"坚持对外开放的基本国策,把'引进来'和'走出去'更好地结合起来,完善内外联动、互利共赢、安全高效的开放型经济体系"。而外商直接投资(FDI)与对外直接投资(ODI)作为资本在国际范围内运动的最高形势,大力推进了中国"引进来""走出去"的双向开放向纵向发展的进程。2013年,中国利用外商直接投资达到1239.11亿美元,占全球比重8.53%,占发展中国家比重的15.92%,是全球外资流入量最大的发展中国家,全球范围内仅次于美国;同年对外直接投资达到

1010亿美元，占全球比重7.16%，占发展中国家的的22.24%，位居全球第三位。而在1982年，外商直接投资和对外直接投资分别占全球比重的0.74%和0.16%，占发展中国家的1.63%和1.65%。①但是，随着中国经济地位的转变，我们可以发现（如图1—2），自2002年之后，中国吸引FDI流入占发展中国家的份额开始趋于下降，同时在2000年后，中国对外流出的ODI占发展中国家比重开始趋于上升，这说明相对于其他发展中国家而言，中国作为FDI流入的东道国的地位相对下降，而自身对外直接投资的能力正在增强，这使得"走出去"有望成为新一阶段带动国内产业升级的新动力。在中国的资金等要素流动开始从单向流入变为双向流动并重，在国际贸易和利用外商直接投资对中国经济发展和产业结构升级的促进作用开始趋缓甚至缓降的情形下，利用"走出去"来促进经济持续发展和产业结构升级的作用已经开始逐步显现（江小涓，2006）。

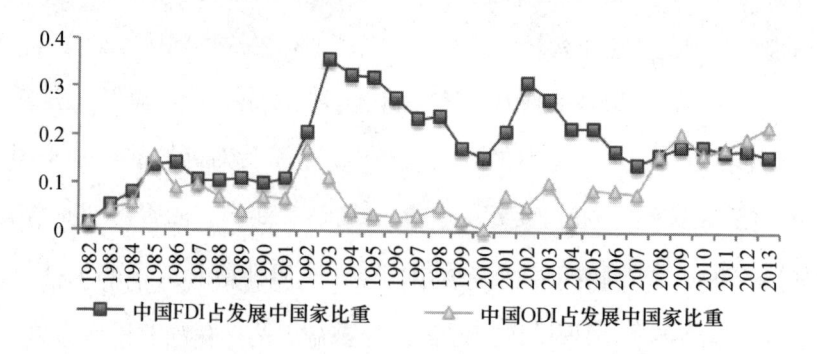

图1—2　1982—2013年中国对外直接投资的变迁

资料来源：作者自制。

---

① 数据来源：联合国贸易与发展委员会。

## 二、问题提出

从前面可以看到产业结构转型是中国国内经济面临的一个重大现实问题，同时中国的经济发展现状表明中国的发展不可能离开世界的发展。世界经济发展新趋势的突出特征就是经济全球化，全球化的本质在于全球分工，全球分工的发展又进一步推动了对外直接投资的发展。以中国为代表的发展中国家为加速其经济发展，积极成为世界众多外直接投资大国中的一员，并且在政府层面上也启动"一带一路"倡议来应对当前的经济发展态势，那么一个重要的问题就凸显出来，那就是对外直接投资与产业结构之间存在什么样的关系？

事实上，对外直接投资在发达国家中并不是一个新现象，许多西方学者对其有不少研究，早期的有以美国经济学家海默（1960）为代表的跨国企业的"垄断优势理论"以及雷蒙德·维农（1966）的"产品生命周期理论"和巴克利和卡森（1976）基于"中间产品"市场不完全提出的"市场内部化"跨国直接投资理论等经典理论。但是，这些理论的主要研究对象都为发达国家。随着世界经济的快速发展，以中国为首的发展中国家不愿意接受现有的静态的、建立在发达国家和发展中国家经济差异基础上的、伴随着主要以顺梯度方式进行国际产业转移的直接投资方式，因而他们更多采用"顺向"和"逆向"同时并存的对外直接投资的方式，进而期望可以改变母国企业在技术开发积累以及产业结构调整过程中处于被动地位的局面。因此，从发达国家立场上来研究对外直接投资问题显得相对不足。站在发展中国家的立场上看,这种"顺向"和"逆向"同时并存的对外直接投资活动对于中国的产业结构调整到底具有什么样的影响?是通过何种机制对产业结构产生影响的?进一步,中国从改革开放至今也有近40年的时间,在融入到世界经济体系的过程当中是伴随着对外直接投资这一经济活动的,那么在中国经济正面临着产业结构升级和转型的关键时期,对外直接投资扮演着什么样的角色?中国对外流出的ODI自身也在不断地演变,早期中国对外投资多"顺向"流入非洲、拉丁美洲等一些落后国家或地区,以资源寻求、政治援助为目的,而现在"逆向"流入欧美等发达国家或地区的ODI比重也逐渐增加,以技术寻求、战略寻求为目的。那么,什么类型的ODI对于实现结构转型和经济可持续发展更加具有推动作用?作为母国来讲,中国现有制度、经济发展水平等宏观因素是否能够更好地承接ODI的逆向技术外溢效应?这些问题有待理论和实证的检验,同时这些也都是当前中国面临的重大现实问题,厘清有关对外直接投资和产业结构之间关系的这些问题正是本书研究的初衷。

## 三、研究意义

为了回答上述问题,本书拟从理论上对ODI与产业结构之间的关系进行全面系统的讨论,并利用中国的行业数据、企业数据对ODI与产业结构调整进行多维度的实证检验,因此在理论上和实践上均有重要意义。

在理论分析上:第一,关于ODI与产业结构的研究,现有的大多数理论研究是立足在发达国家的基础上,从维护发达国家自身利益的角度出发,提出向发展中国家进行对外直接投资可以促进母国产业发展。但随着发展中国家也逐渐加入到对外直接投资大军,这些理论的解释力就显得有限了,虽然在20世纪80年代以后,也有学者对发展中国家的ODI进行了研究,如坎特维尔(1990)、经济学家马斯修(Mathews,2006)等,但其多集中在从逆向技术外溢的角度来研究ODI的产业结构调整效应,基于此,本书将系统的构建发展中国家ODI与产业结构调整的理论机制,以期为当前中国进行的对外直接投资战略提供一个理论支持。第二,在梳理产业结构调整的相关文献基础上,作者认为产业结构的相关研究应从其本质特征——分工出发,而这正是国际直接投资诞生的一个根源,由此本书对对外直接投资和产业结构的研究有了共同的理论源泉,为本书的理论。第三,本书在芬斯特拉(Feestra et al.,1996)、科勒(Kohler,2004)、格罗斯曼(Grossman et al.,2008)以及郑若谷博士(2011)模型的基础上,从一个新的角度证明对外直接投资是如何影响母国的产业内结构和产业间结构的,并区分了"顺梯度"ODI 和"逆梯度"ODI 对产业结构影响的区别,有助于我们深化ODI 对母国产业结构调整的认识。

在实践上:第一,本书运用微观企业数据验证了对外直接投资的产业内结构效应,并从要素收入、要素结构两个维度,对"顺梯度"和"逆梯度"ODI 进行了深入分析,同时还区分了不同对外直接投资类型来进行比较分析,这对中国政府在指导生产结构调整政策中如何利用ODI 的途径来促进经济发展具有重要意义。第二,本书在分析ODI 对产业内结构调整的影响时,从研发投入和研发产出两个角度来检验 ODI 的逆向技术外溢效应，同时检验了 ODI 对高端技术企业、中端技术企业和低端技术企业生产份额的影响，进一步验证 ODI 的产业内结构效应，这对中国在制定产业技术政策和改善产业绩效均具有重要意义。第三，本书还通过经验分析双向 FDI（FDI 和 ODI）对产业结构调整的一般规律，并区分劳动密集型行业和资本密集型行业探讨其对产业结构调整的边际效应变化情况，同时利用产业数据检验了 ODI 影响产业结构调整的机制，这对中国制定适当的国家投资政策、促进产业结构升级具有重要指导意义。

## 第二节 相关概念阐述

### 一、国际直接投资

#### （一）国际直接投资

国际直接投资作为现代资本国际化的主要形式之一，其对经济全球化具有重要意义。根据 IMF 定义，国际直接投资是指在投资人以外的国家或地区所经营的企业取得持续利益的一种投资，进行国际直接投资的最终目的在于获取该企业在经营管理过程中所拥有的发言权。联合国跨国公司与投资司、IMF、WTO 认为，是否获得被投资企业的控制权是国际直接投资和国际间接投资的根本区别，因为国际直接投资所形成的无形资产处于核心地位，其可以直接参与经营管理，而且其直接目的就是获得被投资企业的控制权。

对外直接投资和外商直接投资则是同一事物的两个方面，对外直接投资是从母国角度定义的,外商直接投资则是从东道国角度定义的概念。一国企业对国外企业进行直接投资,对母国来说这是对外直接投资,但对东道国来讲,这就是外商直接投资。本书则主要研究中国企业进行对外直接投资对本国产业结构调整所造成的影响。中国商务部于 2004 年公布的《对外直接投资统计制度》中明确,"对外直接投资就是我国国内的投资者通过现金、实物、无形资产等方式在国外(或港澳台)设立或购买国(境)外企业,并伴随着以控制该企业的经营管理权为目的的经济活动"。[1]

### (二)对外直接投资的分类

国际直接投资包含了资本、技术、管理经验和人力资源在内的一系列生产要素的总体转移,流动形式复杂多样。关于对外直接投资的分类有多种。英国经济学家丁宁(Dunning, 1993)则根据对外直接投资的目的将 ODI 概括为四种类型,具体包括市场寻求型 ODI、效率寻求型 ODI、资源寻求型 ODI 以及战略性资产寻求型 ODI。Makino et al.(2002)从新工业化经济体的视角将对外直接投资区分为资产利用型外资(Asset-Exploitation FDI)和资产探索型外资(Asset-Seeking FDI),资产利用型外资指企业使用现有的资源对海外进行投资,即以获取更多的利润为目的的对外直接投资;资源探索型外资是指企业通过对海外进行投资,即以获取有形或无形的能够使得资产增值的战略性资产、提升全球竞争力为目的的对外直接投资。黄速建等(2009)从国际化战略目标的视角出发将企业对外直接投

---

[1] 《对外直接投资统计制度》,2004 年,中国商务部和国家统计局。

资区分为以市场开拓为目的和以资源获取与能力提升为目的两类，前者主要聚焦于提高现有的投资回报率的短期利润目标，后者则主要聚焦于通过学习效应、互补资产来增强企业核心竞争力，提高长期利润。

随着发展中国家涌现出成功的新兴市场经济体，跨国投资出现了南南相互投资、南北反向投资这一新局面。隋月红教授（2010）主要根据对外直接投资的流向，将对外直接投资区分为"顺梯度"ODI和"逆梯度"ODI。"顺梯度"ODI强调ODI从相对发达的国家流向相对欠发达的国家，企业可以通过利用现有的生产技术将发展相对劣势的产业或产品通过对外直接投资的方式转移至欠发达的国家，以获得更好的生存环境和获取丰厚的短期利润为目的。"逆梯度"ODI则是指相对欠发达国家向相对发达国家进行直接投资，这个过程以获取先进技术等有形或无形资产为主要目的。本书在实证分析中检验ODI的产业结构效应则主要借鉴了隋月红教授（2010）"顺梯度"和"逆梯度"ODI这一概念。

二、产业结构升级

在学术界，产业结构升级并没有一个统一的定义。从产业间结构转变的宏观概念来看，周振华教授（1992）较早从产业结构合理化和产业结构高度化两个方面来论述产业结构升级。郭克莎教授（1996）从产值结构的高级化、资产结构的高级化、技术结构的高级化、劳动结构的高级化四个层面来讨论产业结构升级的表现方式。杜传忠和李建标（2001）认为产业结构升级即是技术层次低的产业结构形态逐步上升为技术层次高的产业结构形态的过程,并伴随着生产率低的产业占主导地位转变为生产率高的产业占主导地位的过程。王岳平教授(2004)则认为产业结构升级是产业结构从较低级形态逐步发展为较高级形态的一个动态过程,具体表现为技术水平及生产率的提高,他认为产业结构升级不仅包含了郭克莎教授(1996)所概述的四个层面,同时还包括产业组织结构演化和分工深化两个方面。而从产业内结构升级的角度看,刘志彪教授(2000)认为,某一产业从低技术、低价值产品生产状态向高技术、高价值产品生产状态的演进趋势就是实现产业内结构升级的过程。Poon(2004)认为产业内结构升级的实质就是制造企业从原本以生产劳动密集型、低附加值产品为主的生产向以生产资本技术密集型、高附加值产品为主的生产进行转变的一个升级过程。

从上述定义可以看出,产业间结构升级和产业内结构升级都是指产业由低技术、低附加值状态向高技术、高附加值过渡的一个演进过程。高秀艳教授(2004)和赵惟教授(2005)将产业结构升级定义为产业从低层次向高层次演进的过程,这其中不仅包含有产业内产出的增长,同时还包含了产业间结构的高度化。可以看出,国内大部分学者对这两个概念并没有严格区分。但是基于本书的研究需要,作者拟严格区分这种产业间结构升级和产业内结构升级的概念。我们认为产业间结构升级指的是产业间结构转变的一种宏观概念,强调产业结构中各产业的地位、关系向更高级、更协调的方向转变的一个过程。而产业内结构升级则更多强调某一产业由低技术、低附加值状态向高技术、高附加值状态的一个演进,体现在某一产业中的企业层面。本书的研究包含有微观企业层面和产业层面,因此在后文的分析中，本书采用了产业间结构升级的概念来研究国家产业结构变迁及产业间结构变化，采用产业内结构升级的概念研究企业层面的产业演进过程。

# 第二章　研究综述和理论基础

国际直接投资与产业结构分别是国际经济学和产业经济学领域的两个重要内容。作为本书分析的研究基础和理论准备，本章在第一节首先对国际直接投资的理论以及文献进行回顾总结，在第二节对产业结构的相关理论和文献进行总结回顾，在第三节则进一步利用分工理论搭建起联系二者的桥梁，进而为后文的分析搭建好理论基础。

## 第一节　有关对外直接投资的研究综述

对外直接投资是母国投资者为了取得国外企业经营管理上的有效控制权而进行的输出资本、设备、技术和管理技能等无形资产的经济行为（宋亚非，2001），与之相对应的则是国际外包行为。不过前者是企业垂直一体化，而后者则不是，但二者的共同点为企业利用国外资源的生产方式，因此我们可以将对外直接投资视为产业组织问题。正是由于国际分工的进一步深化，跨国企业在基于国家之间的比较优势的基础上,通过利用对外直接投资的方式在全球范围内重新配置资源,就这个方面看,对外直接投资也是国际经济学涉及的问题。基于此,本节通过两个方面来研究对外直接投资,一是通过产业组织的视角,另一个则是通过国际经济学的视角。

## 一、产业组织角度

通过产业组织学角度来研究对外直接投资的文献主要可以分为两类:一类为企业对外直接投资的组织动机是什么?另一类为企业利用境外资源的情况下如何选择是通过对外直接投资的方式还是国际外包(也可以认为是国际贸易)的方式?

### (一)对外直接投资的组织动因

关于对外直接投资的组织动因这个问题,不同的学者持有不同的观点。对外直接投资最初起源于发达国家,并且快速蔓延,促进了全球化发展。为了解释这一现象,自20世纪60年代以来,西方发达国家的学者提出了一系列经典理论,为发达国家企业对外直接投资活动做出理论解释。

比较经典的观点有加拿大经济学家海默(S. H. Hymer,1960)的垄断优势理论,他认为跨国公司进行ODI的最根本原因在于市场是不完全竞争的,其所拥有的垄断优势或寡占优势只是跨国企业实现对外直接投资获取收益的条件。麻省理工经济学家约翰逊(H. G. Johnson,1970)指出跨国企业对外直接投资的关键过程就是知识的转移，他认为知识具有很高的生产成本，而通过跨国直接投资则可以降低知识的边际成本，带来更多的利润。F. T. Knickerbocker（1973）在 Hymer（1960）的基础上从寡占反应论的视角对垄断优势论进了补充，他认为战后美国跨国公司进行 ODI 的主要原因在于追随同行业其他寡头企业进行的投资行为。A. M. Rugman（1981）则从内部化的理论来解释跨国企业的 ODI 行为，他认为当市场失效时，跨国公司可以通过对外直接投资的方式内部化市场来抵御市场失效所带来的损失，让公司内部的调拨价格机制成为一个内部市场的润滑剂，发挥和外部市场同样的作用。

美国产业协议局则以美国跨国企业对外直接投资为研究对象，他们认为跨国公司在短期内的对外直接投资行为的动因在于防止市场流失，而并非实现利润最大化。这一短期目的可以在长期为母国企业实现利润最大化创造条件。邓宁（Dunning，1977）指出跨国公司对外直接投资可以通过其所特定的资产所有权、内部化、国家区位三个方面来综合解释。Dunning 还指出，区位优势在决定企业是否进行 ODI 活动的同时，也决定了其对外直接投资的类型和部门结构。针对于横向一体化直接投资的现象，R. E. Caves（1972）也从内部化理论来对企业的组织选择来进行解释，他认为跨国企业实行横向一体化对外直接投资可以通过利用母公司的知识产品来获取超额利润。Graeme（1975）通过利用 187 家美国跨国企业和 88 家欧洲跨国企业的子公司数据进行实证研究发现，美国和欧洲之间的跨国企业相互进行对外直接投资的产业是相同的。Dunning（1984）通过利用 187 家美国跨国企业和 226 家非美国跨国企业的 ODI 数据，测算出不同国家所属跨国企业进行产业内相互直接投资的指数，进一步验证了 Graeme 的论点，同时他还认为除了进行横向投资的方式，这类跨国企业还可以通过垂直对外直接投资的方式取得规模经济效应。

从上述理论来看，无论是早期的垄断优势理论还是发展到后期的产业内相互投资理论，对于微观企业主体来说，对外直接投资的最根本原因就是实现企业利润最大化、成本最小化。

**（二）对外直接投资的组织选择**

对外直接投资的组织选择问题可以概括为两类问题：一个是跨国企业到底是选择对外直接投资一体化的生产方式，还是选择国际外包？另一个是跨国企业选择绿地投资的方式进入东道国还是选择跨国并购的方式进入东道国？

关于第一个问题的回答我们可以将现有学者的相关文献概括为三类：

1. 企业异质性和组织方式的选择

赫尔普曼（Helpman）、梅李兹（Melitz）和耶普尔（Yeaple）（2004）通过拓展 Melitz（2003）的模型发现，企业之间的生产率差异影响了企业关于选择出口还是水平型 ODI 的组织决策，其中生产率水平较低的企业倾向于选择只在国内市场交易，而生产率水平居中的企业则会通过出口的方式进入国际市场，生产率水平最高的企业则选择水平型 ODI 进入国际市场。美国经济学家安特拉斯（Antras）和 Helpman（2004）在 Melitz（2003）模型的基础上，建立了跨国公司组织方式选择的一般均衡模型，并得出结论，跨国企业的组织选择是由总部服务密集度和企业的生产率水平等内生因素共同决定的，对于最终产品生产企业而言，当总部服务密集度较高时，企业倾向于选择进行一体化生产。生产率水平一般的企业则倾向于选择外包的方式进行生产，生产率水平最高的企业更倾向于通过选择垂直 FDI 的方式在国外进行中间品的生产。Grossman、Helpman 和 Szeidl（2006）将 Melitz（2003）的企业异质性模型和 Yeaple（2004）的水平型 FDI 和垂直型 FDI 的模型结合起来，构建了一个关于发达国家跨国企业进行组织选择的模型。该模型假定其中包含有两个发达国家和一个发展中国家。对于结论的考察，可以分为考虑运输成本和不考虑运输成本两个部分来进行解释。在没有运输成本时，企业的生产中间品的固定成本投入和生产率水平的共同作用会影响企业的生产组织方式选择。当生产中间产品的固定投入成本和生产率水平都较低时，企业会选择将生产中间投入品和组装环节都安排在本国生产；当生产中间投入品的固定成本投入较低时，生产率水平居中的企业会选择垂直 FDI 的方式在发展中国家安排生产中间产品，在本国进行组装环节；当生产中间投入品的固定成本投入较低时，生产率最高的企业会将生产中间产品和组装环节都放在发展中国家进行生产，该类 FDI 则主要考虑向其他国家提供最终品。当中间产品的固定投入处于居中水平，生产率水平较低的企业会选择将中间投入品和组装环节都安排在本国进行生产，生产率水平高的企业则将中间投入品和组装环节都安排在发展中国家进行生产。当中间产品的固定投入较高时，生产率水平居中的企业会将中间产品放在本国进行生产，而将组装环节放在发展中国家进行生产。当将运输成本考虑进模型时，则运输成本因素需要考虑进企业均衡的组织方式决策中。综上，企业生产各个环节的成本高低、企业生产率水平和运输成本高低决定了企业是否进行对外直接投资的组织方式。

2. 不完全契约理论和组织方式的选择

Antras（2005）将契约性中间投入品密度引入到一般均衡垄断竞争模型中。研究表明，当中间产品为资本相对密集型产品时，企业组织选择则偏向于采用 ODI 的一体化方式生产，而当最终产品和中间产品为劳动相对密集型产品时，企业则偏向于进行契约外包的非一体化方式进行市场交易。Antras（2005）借鉴维农（Vernon, 1962）的产品生命周期思想，利用动态一般均衡南北贸易模型分析不完全合约对产品生命周期的影响，进而影响企业的组织决策。模型表明，最初的时候，合约形态不够完善，北方国家会将低技术中间投入品留在北方国家进行生产，随着合约形态的改进，北方国家开始通过 FDI 的形式将低技术中间品转移到南方的低工资国家进行生产，随着合约形态的进一步改进，企业开始逐渐采用国际外包的形式。Antras 和 Helpman（2007）在其 2004 年文章的基础上进一步考察在不同契约摩擦程度的情况下，生产率差异对企业一体化和外包的影响。

哈佛大学教授格罗斯曼（Grossman）和 Helpman（2003）在前期研究基础上，进一步构建关于企业进行 ODI 还是外包的组织选择模型。结论认为，企业选择外包还是 ODI 的一体化组织行为与四种因素相关。中间投入品生产企业的边际成本越高，则最终产品生产企业更倾向于选择对外直接投资进行一体化生产；异质产品的产业规模越小，则最终产品生产企业倾向于选择对外直接投资的组织方式；南方国家的契约环境越不完善，市场契约制度越不完全，则企业选择对外直接投资的比例就越高；当南方国家相对工资水平越低，参与外包的最终产品生产企业越多。Grossman 和 Helpman（2004）在 Mclaren（2000）的市场厚度理论①的基础上，构建了一个在封闭经济下，企业关于一体化和外包组织方式选择的一般均衡模型。他们认为，市场厚度会影响企业交易的成本（这里主要包括"敲竹杠"和匹配成本），因此当市场越厚时，企业交易的成本会越低，下游企业则会偏向于选择外包组织方式，进而避免企业一体化带来的管理成本和沉没成本等。

3. 其他因素对企业组织选择的影响

此外，Becker et al.（2005）通过利用德国和瑞典的数据进行比较分析后发现，相较于瑞典跨国企业，德国跨国企业更倾向于向拥有丰富熟练劳动力的地区进行直接投资。Filippaios et al.（2008）通过利用美国 1982—2002 年度数据对其对外直接投资的动机进行实证检验，得出结论认为产业集聚、劳动力市场成熟度、东道国市场发达度、市场规模是美国跨国企业选择进行对外直接投资的主要因素。Marin 和 Verdier（2009）考察了要素禀赋水平、市场容量、交易成本以及企业技术能力等因素对跨国企业是进行国际外包还是对外直接投资等组织方式的影响。

跨国企业究竟是选择绿地投资还是跨国并购呢？有部分学者从东道国的视角来考量，Wang 和 Sunny（2009）认为跨国企业选择不同的进入方式对东道国经济增长的影响存在显著差异，Hale et al.

---

① 市场厚度是用来度量最终产品生产者和中间产品生产者的数量，它与交易成本呈反向相关关系。这是因为，当最终生产商和中间产品生产商数量众多时，寻找适合匹配合作的成本就越少，由此达成的交易成本也就更低。

（2011）则认为跨国企业不同的进入方式对东道国的就业会产生不同的影响，李善民等（2013）认为东道国的工程建设速度、经济增长率以及市场需求的不确定都会影响跨国企业进行 FDI 方式的选择。基于此，东道国应该施行政策引导，引导跨国企业进入本国的方式朝着有利于东道国经济、就业的方面靠拢。也有学者从母国企业的视角来进行思考，Hennart（1991）、Zhao et al.（2004）则从交易成本理论进行分析，认为跨国企业通过比较绿地投资和跨国并购的方式，选择交易成本较小的模型进入东道国。Eicher et al.（2005）和 Nocke et al.（2007）将延迟期权的概念纳入到 FDI 进入东道国方式选择的模型中来，通过对比两种进入东道国的组织方式选择，发现影响跨国企业进入东道国的方式选择受未来不确定性和投资机会的影响，当不确定性增加时，未来的投资机会越大，则跨国企业选择绿地投资方式的比例越高，反之相反。Gilroy et al.（2006）则在 FDI 进入市场组织选择的模型中添加了一个两阶段实物期权模型，将外资进入后的未来发展也作为一个考虑因素。研究发现，东道国的市场需求波动越高、绿地投资建设工程期越短、东道国文化的吸引力越强，则跨国企业选择绿地投资进入东道国的比例越高。

二、国际投资角度

随着世界经济的日益全球化，国际直接投资对世界经济的影响日益扩大。ODI 对东道国和母国的经济发展有着举足轻重的影响，具体包括对经济增长、逆向技术溢出、就业以及产业结构的影响等等。

## （一）对外直接投资对就业的影响

关于对外直接投资对母国就业影响的研究日趋丰富，并形成了两大主要且相互对立的假说，即"替代效应论"和"补充效应论"，但由于各个国家所处的具体环境以及数据的差异性较大，至今难以得到一个较明确的结论。

"替代效应论"认为，母国资本资源是有限的，该国进行 ODI 将会替代部分国内投资或消费，而如果这种资本的外流并未带来相应的出口增加或进口减少，那么该类 ODI 活动就会对就业产生替代效应。捷赛（Jasay，1960）最早从母国角度出发，认为资本的外流必然会带来对母国就业市场的冲击，导致母国就业量的下降。Brainard et al. （1997）利用美国跨国公司及其子公司的数据，得出在劳动力成本更低的地区，对外直接投资的就业替代效应更显著。Konings et al. （2006）则运用超过 1000 家的欧盟跨国公司的面板数据研究欧盟地区内的跨国直接投资行为，其得出结论认为对外直接投资的就业替代效应是否发生取决于子公司的产业分布情况。该论点在中国也得到少部分学者实证研究的支持，如邱立成、于李娜（2005）利用中国 1982—2002 年的数据对投资发展路径阶段论（IDP，Investment Development Path）的适用性进行验证得出，中国对外直接投资与母国经济发展负相关，进而导致母国经营规模缩小、就业岗位流失等。

与"替代效应论"假说相对的则是"补充效应论"假说。该假说最早由 Hawkins（1972）提出，并经 Silanes（1996）、Lipsey（2003）

等论证成为相对完善的理论。该理论从投资与贸易具有互补关系这一切入点进行分析，他认为在 ODI 属于防御性投资的情况下，如企业是为了获得母国的稀缺资源或绕开关税壁垒而进行的横向投资时，对外直接投资会通过资源补缺、国际市场扩充、出口创造等效应来促进母国的就业增长。Fors et al.（2001）则从对外直接投资为母国创造的就业机会视角进行研究，认为企业在进行 ODI 活动时，为了创造国外子公司经营业务的发展，母国企业会增加对母国法律、公共关系服务及工程管理专业技术人员等该类非生产性就业需求，进而优化母国就业结构。该假说在中国也不乏证据，寻舸教授（2002）曾指出国内关于 ODI 的理论分析多认为 ODI 可能作为一种新的就业增长点。刘辉群教授等（2011）利用中国 1995—2007 年的行业数据，研究对外直接投资对投资主体就业量的影响，得出在国有企业和股份制企业中，中国对外直接投资对母国企业的就业替代作用较小，但在外商和港澳台企业中，对外直接投资对母国企业的就业存在较大的促进作用。姜亚鹏、王飞（2012）通过利用中国的省级面板数据进行实证检验，得出长期内中国的对外直接投资和就业之间呈显著正相关关系，并且不同区域间的对外直接投资的母国就业效应存在一定差异。

### （二）对外直接投资对国际贸易的影响

关于对外直接投资对母国贸易的影响，现有的研究结论也不统一，主要持有两种观点——"贸易创造论"和"贸易替代论"。

理论方面，诺贝尔经济学奖获得者蒙代尔（Mundell，1957）通过将关税这一变量引入模型，并假定生产要素在国际上可以自由流动，最早证明了一国的对外直接投资同国际贸易之间是一种替代关系。一桥大学经济学教授小岛清（1977）的边际产业扩张论就是基于比较优势的原则，提出将母国企业已经处于比较劣势的产业转移至该产业还处于比较优势的国家，进而有利于扩大与东道国之间的比较成本差距，促进国际贸易的发展。Buckley et al.（1981）认为企业出口会面临高额的运输费用和贸易壁垒，而通过对外直接投资虽节省了运输费用和绕开了贸易壁垒，但却需要在东道国进行高额的固定成本投入，因此当海外市场规模足够大时，企业倾向于选择对外直接投资而非出口。Helpman（1984）则认为由于产品差异化、规模报酬递增等情况的存在，跨国企业难以利用外部市场实现交易，进而导致了公司内贸易，并最终促进了母国企业出口。实证上，Egger（2001）利用欧盟国家的数据实证检验ODI与出口贸易之间的关系，结果发现它们之间存在互补关系。Chow（2012）通过利用台湾地区1980年以来的数据实证检验二者的关系，结果发现台湾地区的ODI同出口贸易呈现互补关系。Grubert et al.（1991）利用美国ODI数据和对东道国出口的数据，通过实证发现美国ODI与出口是呈现负相关的。Blonigen（2001）运用日本的产业数据进行检验，发现在中间产品上，日本对美国的投资促进了出口，而在最终产品上，日本的投资却降低了对美国的出口。随着中国经济全球化的发展，研究企业ODI与贸易关系的文献也开始涌现。项本武教授（2009）通过利用2000—2006年6年间中国对外直接投资和出口的数据发现，中国对外直接投资显著地促进了企业的出口。蒋冠宏等（2014）利用中国微观企业数据进行实证研究发现中国企业对外直接投资总体上不仅促进了企业出口的深度边际，也扩展了企业出口的广度边际。毛其淋等（2014）同样利用中国微观企业数据进行实证研究，发现企业对外直接投资显著提高了企业出口占销售的比例，同时企业进行 ODI 也显著降低了企业退出出口市场的风险。

**（三）对外直接投资对技术进步的影响**

坎特维尔（Cantwell）和托伦蒂诺（Tolentino, 1987）在 Dunning（1977）的基础上，提出"技术创新产业升级理论"，他们认为一国的技术创新是该国产业发展的根本动力，而国际直接投资行为深刻影响着该国的技术创新水平。Branstetter（2000）通过检验日本对外直接投资的"逆向技术溢出"效应，得出结论：日本对美国的直接投资显著促进了日本申请专利的数量，即存在正向的逆向技术溢出效应。Potterie et al.（2001）发现投资研发较密集的地区有利于促进母国企业的技术进步。Driffield et al.（2003）利用 1984—1992 年英国制造业面板数据，采用动态面板 GMM 方法验证了 ODI 对母国制造业确实存在逆向技术溢出效应，但只有在高技术企业中显著。Pradhan et al.（2009）通过利用 1988—2008 年印度汽车企业的数据发现无论是顺梯度 ODI 还是逆梯度 ODI，其均对母国产生了显著的逆向技术溢出效应。中国关于 ODI 的技术溢出效应的相关研究出现较晚，这与中国的国家直接投资发展阶段相关。赵伟等（2006）发现中国对外直接投资显著促进了中国生产率的进步。李泳（2009）则利用 1996—2006 年中国上市公司数据库和中国商务部样本企业数据库合并的样本，检验了中国对外直接投资对企业产出和技术人员占比的影响，结果发现中国 ODI 并未显著促进母国企业技术人员的占比。常玉春（2011）通过利用中国大型国有企业的数据进行实证，发现企业的境外资本对企业的研发水平有显著的促进作用。李梅等（2012）利用 2003—2009 年的省级面板数据考察对外直接投资的逆向技术溢出效应存在显著的地区差异，以及积极的逆向技术溢出主要发生在发达的东部地区。沙文兵（2012）利用 2004—2008 年的面板数据考察 ODI 的逆向技术溢出效应对母国创新能力的影响，发现 ODI 确实能够通过逆向技术溢出效应对母国的创新能力产生正面影响，且呈现明显的地区差异。蒋冠宏等（2014）利用 2004—2006 年工业企业数据库和对外直接投资统计名录匹配出的 761 家对外直接投资的企业数据实证检验企业对外直接投资的"生产率效应"，得出企业对外直接投资显著提高了母国企业的全要素生产率，但随着时间的推移这种效应逐渐下降。毛其淋等（2014）通过中国工业企业数据实证检验，得出结论，企业对外直接投资显著促进了企业的技术创新水平。

### （四）对外直接投资对产业结构的影响

关于对外直接投资与母国产业结构关系的理论最早可追溯到钱纳里（Chenery et al., 1970）的"两缺口模型"，刘易斯（Lewis, 1978）的"劳动密集型产业转移理论"，小岛清（Kojima, 1978）的"边际产业扩张论"等。随着发展中国家企业也开始积极参与跨国投资活动，Ozawa（1996）提出了"一体化国际投资发展理论"，认为国家之间的发展阶段差异性和比较优势互补性促使发展中国家逐步从劳动导向性的 ODI 向技术导向性的 ODI 过渡,并提升其产业结构水平。Mathews（2006）认为发展中国家通过 ODI "资源联系""杠杆效应"和"干中学"可获得新的竞争优势并促进本国产业结构升级。实证上,也有学者分别通过检验日本、韩国、爱尔兰等国家通过对外直接投资对本地新兴产业转型发展的影响,得出 ODI 能显著推进母国产业结构升级的结论（Hiley,1999;Blomstrom et al.,2000;Salvador et al.,2005）。国内相关研究兴起于中国加入 WTO 之后,这与中国的发展阶段和开放水平有关。从影响主体看,对外直接投资通过企业内部架构、产业组织结构、产业之间结构来影响产业结构水平（江小涓等,2002）。从影响方式看,对外直接投资通过获取国外资源、转移传统"边际"产业的方式促进投资国产业结构优化和新兴产业发展（汪琦,2004;宋维佳,2008）。从影响渠道看,对外直接投资通过影响贸易结构（隋月红,2012）、就业水平（姜亚鹏等,2012）及技术进步（李梅,2012）进而影响母国产业结构。实证方面,冯春晓（2009）发现 2003—2007 年制造业对外直接投资与产业结构之间存在单向因果关系;赵伟等（2010）利用对外直接投资数量较大的几个排名靠前省份的数据实证检验了对外直接投资与产业升级之间存在显著正相关关系。

### 三、相关研究评论

对外直接投资是跨国企业进行全球资源配置的一种组织选择,同时也是未来发展中国家参与全球分工的一种新趋势,其内涵必然涉及到产业组织和国际投资两个范畴。事实上,从中国加入世界贸易组织之后,国内学者对于对外直接投资这一现象给予了大量关注。尤其体现在"一带一路"倡议实施后,关于对外直接投资的相关文章如雨后春笋般大量涌现。这些研究范围涉及到对外直接投资的动因、组织选择以及逆向技术溢出、就业效应、产业结构效应、出口效应等经济效应问题。但通过大量的文献整理发现,国外关于对外直接投资的研究多集中于从发达国家的视角来研究,同时也多为"顺梯度"对外直接投资的研究,且主要体现在20世纪。而作为一个对外直接投资水平已处于世界前列的发展中国家,国内文献为研究中国对外直接投资与产业结构的关系提供了有价值的参考,但也存在一定的局限性。纵观这些文献可发现:(1)由于国内对外直接投资数据的稀缺,关于对外直接投资与产业结构的研究大部分停留在理论分析层面和宏观数据验证层面,鲜少利用微观数据来检验对外直接投资与产业结构的关系;(2)产业间结构升级与产业内结构升级体现为不同的侧面,现有文献中关于对外直接投资和产业结构的研究并未严格区分产业内结构升级和产业间结构升级;(3)对发展中国家进行"顺梯度"对外直接投资和对发达国家进行"逆梯度"对外直接投资所产生的经济效应显然不同,因此区分"顺梯度"和"逆梯度"对外直接投资对我们来说更具有实际意义;(4)关于对外直接投资和产业间结构变动的研究,之前的理论研究大多都聚焦在ODI对产业结构的影响机制、影响路径,而较少关注ODI对产业结构影响的动态变化趋势,但随着净对外直接投资沿着特定的路径发生变化,ODI的产业结构效应的变化趋势值得我们关注。

## 第二节 有关产业结构的研究综述

产业结构是一个传统的经济学问题,很早就得到经济学家的普遍关注,并发展了大量有关产业结构的理论。但由于发展阶段的不同,发达国家和发展中国家对产业结构的关注程度有所不同,发达国家的大量关注出现在早期研究工业快速发展的阶段。而现阶段的中国,经济增速趋于减缓,产业结构调整问题成为我国最为关注的热点问题之一。因此,本节的分析分为两个部分:一是关于国外对产业结构的研究;二是关于国内对产业结构的研究。

### 一、国外关于产业结构的研究

早在1672年,配弟就在其《政治算术》一书中指出,在当时的英国,制造业比农业能够获取更多的收入,同时商业相比于制造业来说,也能获取更多的收入。到了1940年,经济学家克拉克在《经济发展的条件》一书中对配弟的结论做了进一步推广,其通过对40多个国家(或地区)中三大产业的劳动投入和总产出数据进行分析,得出以下结论:随着社会经济的不断发展,投入农业相对于投入制造业的劳动人数呈现一个下降趋势,而投入制造业相对于投入服务业的劳动人数也呈现一个下降趋势。这也是著名的配弟—克拉克定律。20世纪五六十年代,美国经济学家库兹涅茨利用大量样本国家数据,将收入水平也纳入研究,得出结论:随着经济的不断发展和收入水平的提升，农业中的劳动投入占总体劳动投入比重以及国民收入占比趋于下降趋势；工业的劳动占比变化趋势略有上升，而国民收入比重在呈现上升态势；服务部门的劳动投入占比呈现上升趋势，而国民收入比重变化趋势略有上升。该结论也被视为对配第一克拉克定律的一个拓展。

而在工业内部，霍夫曼（1931）在《工业化阶段和类型》一书中指出，伴随着工业化的不断发展，消费资料工业的净产值与资本资料工业的净产值的比值呈现一个下降的趋势。这揭示了工业发展过程中的重工业化过程，也是有名的霍夫曼定律。铃木多加史（1995）在《日本的产业结构》一书中指出在重工业化过程中，工业发展同时也会显现出高加工化的过程，即工业结构表现出由原材料工业向加工装配工业发展的一个趋势。Chenery et al.（1989）通过利用众多国家的产业结构数据进行总结分析，提出了将一国的工业化阶段具体分为三个阶段的产业结构发展"标准模式"，这其中包括准工业化阶段、实现工业化阶段和后工业化阶段，并且标准化每个阶段的产业结构状态。后来这种标准化的产业结构成为后发国家制定产业政策的一个参考。

产业结构的发展同一国的经济发展是分不开的，因此关于产业结构的研究不单聚焦于产业结构方面，而是更多地与经济发展结合起来进行探讨。Rosenstein（1943）在研究东欧与东南欧等发展中国家的工业化进程问题中发现，阻碍发展中国家工业化进程一个重要障碍就是资本匮乏，只有通过"大推进"的方法，使得各个工业部门的发展都获得大规模的资本支持，共同发展，形成相互支撑、相互依赖的局面，才能取得工业化的成功。Nurkse（1953）认为阻碍发展中国家进行工业化发展的一个重要因素为：发展中国家陷入了低收入水平—低储蓄率—资本短缺—只能发展生产率不高的产业—低收入水平的供给方面的恶性循环，以及低收入水平—低购买力—投资引诱不足—低生产率—低收入水平的需求方面的恶性循环。要想取得工业经济的全面发展，则必须对全部部门行业进行广泛投资，因为如果只针对某些行业进行投资，则这些行业的发展就会受到市场需求限制。Hirschman（1958）指出，工业化进程中，想要实现均衡式的发展对于发展中国家而言并不实际，相较而言，其更应该集中现有的资源发展重点产业，以此为动力，进而带动其他产业的发展，而关于产业的投资顺序应该按照各个产业部门的"诱发投资"大小顺序进行。首先，集中资源发展"诱发投资"效应大的产业，进而带动更多的产业发展。美国经济史学家发展经济学先驱之一罗斯托（Rostow，1962）也提出了著名的"主导部门"迅速发展，他同样主张首先发展主导产业，让主要产业带动其他产业的发展，最终带来整个经济的发展。

## 二、中国关于产业结构的研究

发达国家中关于产业结构研究的大多数核心理论都出现于20世纪上半叶，而中国关于产业结构的研究则开始于改革开放之后。改革开放初期，中国的产业结构严重不合理，如何实现产业结构调整，带动经济发展成为中国经济学家开始重点关注的问题。中国学者关于产业结构的研究可以分为两大类：一类是研究促进产业结构升级的因素究竟有哪些；另一类将产业结构具体区分为产业结构高度化和产业结构合理化来加以细化研究。

关于第一类的研究，学者倾向于从供给、需求、财政政策等不同的角度来考察中国产业结构的调整问题。比较典型的有何德旭等（2008）通过研究产业结构调整过程中的就业结构转换效应、第三产业的结构升级效应、技术进步效应何资源配置效应，深刻剖析推动中国产业结构升级的内外因素，提出未来中国的产业结构调整应以高新技术产业为驱动力，以发展现代服务以及现代制造业为车轮，促进产业结构优化调整。黄茂兴等（2009）通过构建技术选择、产业结构升级和经济增长的模型，并利用1991—2007年的省级面板数据进行实证检验，得出结论认为合理的技术选择和资本深化能够促进产业结构优化升级，并实现经济快速增长。刘明宇等（2012）通过构建一个价值网络分工模型，认为发展中国家必须通过建立产业链、供应链和价值链自主发展型的价值网络，才能掌握产业结构优化的主导权。安苑等（2012）利用1998—2007年的区域和产业数据考察地方政府的财政行为对产业结构优化的影响，得出结论：地方政府的财政行为波动显著抑制了产业结构调整，相较于基本建设支出与科教文卫支出，行政管理支出的波动对产业结构的负面影响更大。宋凌云等（2013）在新结构经济学的理论基础上揭示了发展中国家引领产业结构变动的可能性，其通过构造1998—2007年的四位数制造业和中国省级官员匹配面板数据进行实证研究，得出结论，短期内，省委书记能引领辖区内的产业结构变动，其引领的效应随任期增加而下降。

另外，也有一些学者从外商直接投资的视角来研究中国产业结构的问题。宏观上，外商直接投资主要通过影响东道国的市场结构

（江小涓，1999）、出口结构（宋京，2005）、供需结构（殷德生等，2011），从而促进东道国的产业结构优化升级。微观上，外商直接投资通过技术外溢效应（邱斌等，2008；鲁钊阳等，2012）、竞争效应（张海洋等，2004）和关联效应（王然等，2010）影响东道国产业升级。在实证方面，文东伟等（2009）通过考察FDI在各个行业的分布情况来验证其对产业结构的作用。聂爱云等（2012）运用省际面板数据，从制度约束的视角分析FDI对产业结构优化的促进机制。

第二类关于产业结构的研究更为细化，学者们将产业结构细分为产业结构合理化和产业结构高度化。产业结构合理化。关于产业结构合理化现有的定义，我们可以大致分成四类：（1）产业结构协调说。这类定义坚持"协调即合理，合理即协调"的理念，认为产业结构合理化的最主要特征即为产业间的协调。如李京文等认为产业结构合理化就是各个产业在发展过程中实现协调发展，进而满足社会发展需求的一个过程。（2）产业结构功能说。这类定义坚持以产业结构功能的强弱作为判定产业结构合理化的一个重要特点，如周振华（1992）将各产业之间所存在的聚合力作为判定产业结构合理化的标准。（3）产业结构动态均衡说。这类定义应该将产业之间的动态均衡作为产业结构合理化的标准，如苏东水（2000）认为产业结构合理化是一个产业之间相互关联、相互黏合、互相协商并动态发展的一个过程。方湖柳（2003）认为产业结构首先是一个完整复杂的自组织系统，在自组织系统内各要素之间存在激烈竞争，从而达到动态均衡。（4）资源配置说。该类定义则认为应该从资源在产业间的配置结构及利用的角度衡量产业结构合理化，如史忠良

(2005)认为在经济发展过程中,资源可以根据消费的需求和限制在产业之间进行合理配置,这样就是产业结构合理化。产业结构高度化。关于产业结构高度化的定义,国内学者的分歧并不是很大,普遍认为产业结构高度化是一个产业结构发展从较低水平向较高水平演进的过程,在这个发展过程中,产业从劳动密集型、资本密集型、知识技术密集型产业顺次转换;由制造初级产品产业占优势向制造中间产品、最终产品占优势转换(刘伟等,2008)。黄亮雄等(2013)认为产业结构高度化本质上具有两个内涵:一是比例关系的改变;二是生产率和技术复杂度的提高。

## 第三节 对外直接投资与产业结构发展的理论基础:分工

对外直接投资和产业结构分别属于两个不同的经济学研究范畴,因此在研究内容和研究方法上,二者都有较大的区别。本书的一个根本目的就在于建立二者之间的理论和实际联系,那么二者是否具有共同的经济学理论基础呢?亚当·斯密在其名著《国富论》中对分工花费了大量篇幅,并指出产业结构发展的本质在于分工,分工的不断演进导致产业结构的变迁;此外,对外直接投资快速发展的一个直接原因就是国际分工的不断深化。因此,分工成为联系对外直接投资和产业结构二者的理论基础,成为搭建二者关系的桥梁。

## 一、分工与产业结构发展

### (一) 分工与产业结构的形成

关于分工产生了产业结构这一思想最早可以追溯到古希腊和古罗马时代，柏拉图、亚里斯多德和色诺芬都阐述过这一看法。他们认为人与人之间的差异是与生俱来的，简单而言就是天生的禀赋差异，有些人适合于从事某一类自己擅长的工作，有些人适合做另一类自己擅长的工作，因此分工成为经济关系的基础，形成人与人之间的不平等。

斯密（1776）第一个将产业结构的分工决定论系统化。斯密认为社会各类行业的成立以及划分都是劳动分工导致的，因此行业的区分成为产业结构的最初形态。马克思对于分工与产业结构的逻辑思路更为清晰，他指出："一定的产业总是坐落在一定的区域空间上，一定的劳动空间必然有一定的产业与之对应。"社会分工是不同产业部门的形成基础，部门之间的独立是交换的前提，交换导致部门之间的经济技术联系，而正是这种联系导致产业结构的形成。马歇尔（1890）在其著作《经济学原理》一书中第一次利用斯密的分工理论提出了"产业集群"的概念，同时也提出了外部经济[①]的概念。他认为竞争均衡将被内部经济的差异破坏，因此外部经济的自

---

① 外部经济是指企业生产规模扩大对该产业的所有企业产生有利影响，外部经济相当于正的外部性或正的溢出效应。

然增长将成为报酬递增的唯一源泉,即工业生产总量的扩大将会扩充产业规模,产业的发展将使得厂商可以得到一个规模扩展。同样在斯密的分工理论基础上,1928 年阿林杨格提出了迂回生产的概念,他认为生产迂回程度的发展和新行业的出现成为分工理论中最重要的分工形式。他认为分工可以分解为个人的专业化水平、间接生产链条的长度以及此链条上每个环节中产品种类数,并由此提出了著名的杨格定理,即认为劳动分工通过"迂回生产方法"实现规模经济,反过来,规模收益递增会进一步降低单位生产成本,从而使得给定的家庭收入的购买力上升,进一步又扩大了市场规模,市场规模的扩大又会反过来导致分工的进一步深化,从而形成一个良性的互动过程。这样我们可以把分工看成一个良性的、累积的扩张循环过程,由此来看,企业规模的扩张成为促使和本行业相关的其他中间投入品产业的独立和专业化程度,进而有利于促进社会分工的发展。因此,劳动分工所致的迂回和中间品的扩张也就成为各行业间结构变化的一个基础。

尽管作为古典经济学灵魂的分工与专业化思想是经济学真正的核心问题(杨小凯等,1994),但不幸的是,无论是斯密、马克思还是阿林杨格,他们对分工的讨论都局限于文字表达、文字推导,并没有一个好的数学框架来组织,因此由斯密最早提出的关于分工的概念并没有得到相应的重视。直到 20 世纪 80 年代,一场致力于将经济学发展成精密科学的边际革命悄然发生,以经济学家哈维·罗森(Rosen)、诺贝尔经济学奖得主贝克尔(Becker)、哈佛大学经济学教授波兰德(Borland)、杨小凯和黄有光等为代表的经济学家,通过运用超边际分析的方法,将古典经济学中关于分工和专业化的思想数学化，分工促进产业结构形成的数理逻辑也得到深化。

### （二）分工与产业结构的发展

随着社会生产力的发展，人类社会从原始的蛮荒时代进入现代的文明时代，社会分工在这其中的人类经济的发展担任着重要角色，并极大地推动了产业结构的发展。我们可以将这一漫长的时期归纳为三个阶段。

第一阶段为18世纪之前，即工业革命之前。在这一漫长的阶段中，人类社会从原始社会发展到奴隶社会，从奴隶社会过渡到封建社会，正是社会分工使人类走向了农业文明，形成了初级的产业结构形态。在这一时期，人类最开始发明了弓箭，使得一部分人分离出来，形成了农业劳动和采猎劳动。恩格斯指出："由于有了弓箭，猎物便成了通常的食物，而打猎也成了常规的劳动部门之一。"[1] 虽然他们都是从事劳动，但由于这种简单的分工，第一产业的初级结构形态形成了。随着社会的演进，基于弓箭对于猎人的作用，工具的作用越来越突出，有些人开始专门从事工具的制造，人类开始了工业活动。"织布机、金属加工业以及其他一切彼此日益分离的手工业，显示出生产的日益多样化和生产技术的日益改进，农业现在除了提供谷物、豆科植物和水果以外，也提供植物油和葡萄酒，人民也已经掌握了这些产品的生产技术，如此多样的活动已经不能由同一个人来承担，于是发生了第二次大分工——手工业和农业的分

---

[1]《马克思恩格斯全集》第4卷，北京：人民出版社1998年版，第19页。

离"。① 这使得产业结构进一步发展。随着生产力的发展，人们发现食物有了剩余，交换开始出现在部落之间。"在野蛮时代低级阶段，人们只是直接为了自身的消费而生产，间或发生的交换行为也是个别的，但限于偶然的剩余物。在野蛮时代中级阶段，我们看到游牧民族已经有畜生作为财产，这种财产，到了畜群具有相当规模的时候，就可以提供超出自身消费的若干剩余。同时，我们也看到了游牧民族和没有畜群的落后部落之间的分工，从而看到了两个并存的不同的生产阶段，也就是看到了进行经常交换的条件。在野蛮时代高级阶段，进一步又发生了农业和手工业之间的分工，于是劳动产品日益增加的一部分是直接为了交换而生产的，这就把单个生产者之间的交换提升为社会的生活必需。"② 专门为交换而生产的这一活动，使得商业得以形成，产业结构开始形成农业和商业的产业结构体系。

到了工业革命之前的13世纪到18世纪，买包商制度开始在众多国家流行起来，具体表现为商人买进原材料，分配给农村手工业者完成从原材料到制作这一生产过程，然后按件付费，再销往世界各地。这种生产者与交易者之间的分工促进了工业的泛化。但是这种组织方式多以家庭为主，同时由于生产规模较小，只适合于生产小规模的手工品。后来到了16世纪中期，开始出现将某一复杂生产程序进行拆分的手工工厂，最终品的各个环节都分散在手工工厂完成，最后加工组装，例如钟表、马车制造等。这种专门的分工促进

---

① 《马克思恩格斯全集》第4卷，北京：人民出版社1998年版，第163页。
② 同上书，第165页。

了产业结构的分化和进一步发展。

第二阶段以工业革命为起点，到第二次世界大战结束后。机器的发明使得机器代替了手工劳动，进而最早在英国诞生了工厂制度。机器可以将不需太多处理的、可固化程序的、可标准化操作的环节交给机械力去完成，不仅节约了成本，并且提高了效率，使得原来人与人之间的分工变为人与机器之间的分工，进一步促进了产业结构的演变。随后，在19世纪80年代，美国诞生了新的组织模式——大规模生产的现代企业组织。这种组织模式在原有的工厂制度基础上，实现了劳动标准化、产品标准化、流水线生产、分层组织结构等创新（派恩，2002）。它的出现极大地促进了产业结构中产业门类的形成以及产业结构的发展。

第二次世界大战之后，经济全球化取得快速发展，这一时期的专业化分工程度也得到进一步深化。世界经济开始出现新的特点，即精益生产、周期缩短、全面质量管理、层次扁平化、计算机集成制造、过程重组、服务重要性提供、分化的市场、快速响应、柔性制造系统、数据资源经营等11个方面（派恩，2002）。具体表现在生产上的一个显著特征便是产品内部开始了分工，企业开始进行全球资源配置，在全球进行分工重组，以实现利润的最大化；生产组织上一个重要特征就是出现了规模定制，具体表现为网络式生产组织、虚拟组织以及弹性专业化等。产业结构上的另一个表现就是随着计算机、网络的快速发展，大量的生产性服务业从原来的制造业中分离出来，产业结构得到进一步拓展。

## 二、国际分工深化与对外直接投资

当社会分工发展到一定程度，一国经济内部的分工超越了国家界限的时候，分工开始衍生为国际分工。国际分工也就成为各国生产者通过世界市场形成的劳动关系，从而成为国际贸易和国际投资的基础。资本输出是早期国际投资的最主要形态，19世纪70年代英国最早开始进行资本输出。

随后，为了谋求高额的利润，占领海外市场，后起的各发达国家相继开始向落后国家输出资本，直到19世纪80年代，跨国公司的出现标志着资本在国际范围内运动的最高形式开始出现，即对外直接投资。基于此，我们对应不同的分工体系，将这一过程分为四个发展阶段。

第一阶段开始于19世纪70年代，并延续到20世纪初，这一阶段第二次工业革命在资本主义国家中爆发，并伴随着发电机、电动机、内燃机的出现以及广泛应用。工业革命的爆发进一步促进了分工的发展，世界也由此形成了多个中心、多重形式的国际分工体系，郑若谷（2011）将其概括为："宗主国和殖民地半殖民地之间的分工与发达国家内部的分工并存；工业制成品和初级产品之间的分工与两类产品内部的分工并存；垂直分工体系和水平分工体系并存。"在这种多元化的分工体系下，资本主义国家实现了工业的大规模生产，同时伴随有规模迅速扩大的态势。尤其是机器和蒸汽的广泛应用、规模生产的不断扩大、分工的深化，都使得工业的生产开始脱离本国的市场，转而依赖于世界市场。以英国、法国为首的资本主义国家开始向落后的殖民地、半殖民地国家倾销大量廉价优质的工业品并积累了大量财富,同时伴随着资本向资源丰富的国家和殖民地流入。根据数据统计,截至1913年,英国对外的国际投资总数额已经达到40亿英镑,这占了当时世界上总的国际投资数额的一半之多,同时这个数量也相当于英国国民财富总额的1/4。[①] 在这一阶段的对外投资主要来源于私人资本,而且以间接投资为主,对外投资的国家多集中在英国、法国、德国等当时的资本主义国家,并且投资的年限很长,有的长达99年。

第二阶段则集中于两次世界大战之间(1914—1945年),之所以将这一阶段单独划分开,是因为这两次世界大战以及期间的大萧条使得全球经济发展放缓。这一阶段中以煤和蒸汽机为主要生产要素的传统产业开始呈现结构性的衰退趋势,以新技术和新燃料为基础的新型工业结构开始逐步取代传统产业。国际分工的发展态势虽然在这一阶段受到了战争的影响,其发展速度开始趋于缓慢,但却没有停止步伐,分工开始从以原先的技术、工艺为基础的分工发展成为以新技术、新工艺为基础的分工。在这一阶段,美国成为两次大战的最后赢家,美国的工业也得到快速发展。同时,美国的对外投资迅速增加了40亿美元,其仅向同盟国提供的借款总额就高达160亿美元。美国成功取代英国成为世界上最大的对外投资国。政府对外投资规模也开始发展起来,虽然私人对外投资仍占主导地位。同时,在这一阶段国际直接投资规模也开始迅速扩大。

---

① 孔淑红、曾铮主编:《国际投资学》,第二版,对外经贸大学出版社,2005年版,第83—84页。

两次世界大战之后一直持续到 20 世纪 80 年代，这一阶段世界经济得到了恢复和发展，第三次科技革命爆发，因此我们将这一阶段归为第三阶段。这一阶段科技进步引起生产力突飞猛进的发展和国际分工的深化，对对外直接投资的促进作用功不可没。20 世纪 50 年代后期开始的以电子技术为代表的科技革命，涉及的领域十分广泛。这些新的科研成果迅速而广泛地应用于生产领域，出现了一系列新兴工业部门，使得各发达国家的国民经济部门结构发生了巨大变化，大大促进了生产力的提高。而社会生产力的快速发展，又进一步促使国际分工深化，分工开始从原先在产业部门间的分工逐步发展为在产业内部的分工以及以产品专业化为基础的分工；从原先沿着产品界限进行的分工发展为沿着生产要素界限进行的分工；从垂直分工向水平分工发展。这种分工的深化程度使得任何一国垄断所有生产过程中的先进技术和工艺成为不可能，因此为了进一步发展，企业开始寻求从其他国家或地区获取低成本的原料、中间投入品和高技术的工艺技术等。随着全球化的进一步发展，跨国公司通过国际贸易、国际外包的方式已经不能满足于自身发展的需要，因此其通过更直接的国际直接投资的方式开始在海外设立工厂、子公司，进而充分利用东道国的要素市场、产品市场，实现利润最大化。

20 世纪 80 年代以来，国际分工体系又发生了重大变化，由此可以归入第四个发展阶段。这一阶段世界政治经济形势发生了巨变。首先，布雷顿森林体系崩溃、两次石油危机使得西方国家的黄金时代终结；其次，苏联解体，冷战结束，东亚经济相继崛起；最后，计算机和互联网技术革命催生了网络新经济，全球化迅速推进，人民的生产和生活方式受到了巨大冲击。全球化的生产链发展越来越快，产品内分工日益凸显，跨国公司开始大量使用对外直接投资的形式组织生产活动。分工开始从生产领域逐步转向服务部门，如通信、互联网以及金融业的快速发展，使得全球各国的经济联系更加紧密，大型的跨国公司与跨国银行往往在世界各地有几十家，甚至数百家分支机构，对外直接投资得以迅速发展。同时，发展中国家也开始加入对外直接投资的行列，出于接近原材料市场、接近先进技术、拓展全球市场的需求，发展中国家对外直接投资发展迅速。在这种变化下，国际直接投资所占的比重越多越重要。

### 三、分工、国际直接投资和产业结构发展

通过前面的分析，我们可以看到分工与产业结构之间具有较强的逻辑联系，分工的一步步演进使得产业结构得到不断发展和延伸。当分工开始突破国家的界限，发展到国际分工的时候，国际贸易开始出现，并伴随有国际投资；随着分工的进一步演进，跨国公司通过国际贸易的方式已经不能满足自己的发展优势，开始通过国际直接投资的方式在海外建立子公司，利用东道国的生产要素降低产品成本，实现利润最大化目标。在当前的国际投资中，国际直接投资已经成为其最主要的表现形式，可以认为是国际分工推进了国际直接投资的发展。由此可见，分工成为联系产业结构和对外直接投资的一个理论基础，二者都是分工发展到一定阶段的必然结果，这也正是后文将要展开分析的重要理论基础。

# 第三章　中国对外直接投资的发展概况

1979年,"要出国办企业"经济改革政策的确立开启了中国企业进行对外直接投资的新道路。同年,北京友谊商业服务公司和东京丸一商事株式会社共同出资的"京和股份有限公司"正式成立,成为中国企业对外直接投资的开端。但在随后较长的一段时间里,由于经济发展水平较低、外汇储备不足等原因,中国对外直接投资的比重相当少。直到正式加入世贸组织后,中国经济飞速发展,对外直接投资的增速也开始加快,中国逐步成为对外直接投资大国。根据《2016年度中国对外直接投资统计公报》显示,中国对外直接投资净流量达到1701.1亿美元,实现连续14年年均增长34.4%。截至2016年底,中国总计有2.44万家企业进行对外直接投资,遍布在境外190个国家(地区),累计对外直接投资额近1.35万亿美元。随着中国经济地位的持续提升以及国内产能过剩的局面,这一对外直接投资趋势仍将持续。本章则在此基础上分析考察中国企业进行ODI的历史阶段以及现状,这主要包括投资主体分布、投资规模、投资行业分布、区位分布等,进而为后面的理论和实证分析提供一个现实基础。

## 第一节　中国对外直接投资的发展历程

### 一、对外直接投资流量

联合国贸易与发展会议统计数据库显示，整体上，中国 ODI 流量呈现逐年递增趋势，而其增长率则在几个年份有较大的波动，其余年份的变动范围则较小，见表3—1 和图3—1。根据 ODI 增长率的波动，我们可以将中国 ODI 流量的变动划分为四个阶段：

第一阶段（1979—1985 年）：初步发展阶段。1979 年，"要出国办企业"成为《关于经济改革的十五项措施》中的一项改革措施。这项政策促使在随后几年中，中国实力雄厚的企业开始"走出去"，例如中国化工进出口总公司、中国五矿进出口总公司、上海机械进出口公司等实力雄厚的外贸公司开始在国外建立代表处或贸易公司。据《中国对外经贸年鉴1986》统计，1981—1985 年，政府批准在海外开办合资或独资企业 169 家，总投资 2.25 亿美元。到 1985 年这个政策发展到顶峰。

第二阶段（1986—1992 年）：加快发展阶段。这一时期，中国海外投资规模逐渐扩大，海外投资企业类型开始趋于多元，且投资的行业增多。截至 1992 年底，中国企业在国外、境外设立了 4117 家合资、独资或合作生产企业，行业分布较多，并分布在全球 120 多个国家（或地区）中。在已经设立的海外企业中，除去在港澳地区设立的企业外，非贸易类型企业达到 1363 家。特别是 1992 年，在邓小平南方讲话和十四大精神鼓舞下，一大批企业加快走出去的步伐，调整发展战略，使企业走向集团化、国际化和综合化的经营道路。这使得1992年中国对外直接投资增长率迅速上升。

**表3—1　1981—2013年中国对外直接投资流量及增长率**

单位：百万美元、%

| 年份 | 1981 | 1982 | 1983 | 1984 | 1985 | 1986 | 1987 | 1988 | 1989 | 1990 | 1991 |
|---|---|---|---|---|---|---|---|---|---|---|---|
| 流量 | 0 | 44 | 93 | 134 | 629 | 450 | 645 | 850 | 780 | 830 | 913 |
| 增长率 | 0 | 1.13 | 1.11 | 0.44 | 3.69 | -0.28 | 0.43 | 0.32 | -0.08 | 0.06 | 0.1 |
| 年份 | 1992 | 1993 | 1994 | 1995 | 1996 | 1997 | 1998 | 1999 | 2000 | 2001 | 2002 |
| 流量 | 4000 | 4400 | 2000 | 2000 | 2114 | 2562 | 2634 | 1774 | 916 | 6885 | 2518 |
| 增长率 | 3.38 | 0.10 | -0.54 | 0 | 0.05 | 0.21 | 0.03 | -0.32 | -0.48 | 6.52 | -0.63 |
| 年份 | 2003 | 2004 | 2005 | 2006 | 2007 | 2008 | 2009 | 2010 | 2011 | 2012 | 2013 |
| 流量 | 5498 | 2855 | 12216 | 21160 | 26510 | 55910 | 56530 | 66811 | 74654 | 84220 | 1078.4 |
| 增长率 | 1.18 | -0.48 | 3.27 | 0.73 | 0.25 | 1.11 | 0.01 | 0.18 | 0.12 | 0.13 | 0.23 |

数据来源：根据1980—2013年《联合国贸易与发展会议统计数据库（UNCTAD）》的相关数据整理及计算得到。

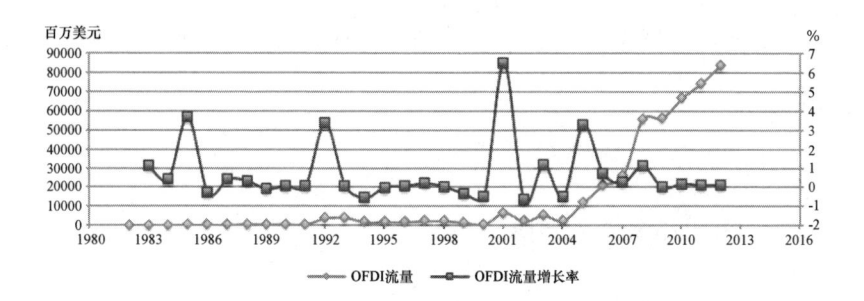

**图3—1　1981—2013年中国对外直接投资流量及增长率**

资料来源：作者自制。

第三阶段（1993—2000年）：调整阶段。在这一阶段，出现了整个国民经济发展过快、投资结构不合理等现象,1993年国家开始紧缩银根,让过热经济软着陆。与此相对应,海外的投资业务也开始进入了整顿时期,主管部门开始对新的海外投资项目进行严格控制。因此,这一时期,ODI增速开始放缓。据《中国对外经济贸易年鉴2000》显示,截至1999年底,中国非金融类境外企业总数为5976家。由于受外汇管制较严、跨国企业经营能力的限制,这一阶段的境外企业总数较1992年底仅增长了1000约家。

第四阶段(2001年至今):快速发展阶段。2001年,中国加入世贸组织,并提出"走出去"的战略决策,更好地和世界经济形成联动。同时,国内开始实施政策鼓励和支持具有比较优势的企业对外投资,并积极推动对外投资便利化进程,不断完善服务体系,这使得2001年中国的对外直接投资增速剧增。从2002年开始,中国企业ODI增长速度有所提升,由2002年的25.18亿美元增至2012年的842.2亿美元。2002—2013年间,中国企业ODI年均增速达到53.45%。由于2008年金融危机的爆发,全球经济发展放缓,中国企业"走出去"步伐受阻,ODI的增长态势开始趋缓。

二、对外直接投资存量

接下来我们开始分析中国ODI的存量究竟呈怎样的发展态势,如表3—2和图3—2所示。从表3—2可以看出,1982—2006年间中国ODI存量的增长速度较为平缓;到2006年后,中国ODI存量增长速度开始加速。2007年,中国ODI存量首次突破了3000亿美元大关,达到3270.87亿美元,在2009年之后,中国FDI存量以每年增长额超过1000亿美元的速度在增长,2013年更是达到9567.93亿美元。

**表3—2 1983—2012年中国对外直接投资存量及增长率**

单位:百万美元、%

| 年份 | 1981 | 1982 | 1983 | 1984 | 1985 | 1986 | 1987 | 1988 | 1989 | 1990 | 1991 |
|---|---|---|---|---|---|---|---|---|---|---|---|
| 存量 | 1339 | 1769 | 2685 | 4104 | 6060 | 8304 | 10617 | 13811 | 17204 | 20691 | 25057 |
| 增长率 | 0.246 | 0.321 | 0.517 | 0.528 | 0.476 | 0.370 | 0.278 | 0.301 | 0.245 | 0.203 | 0.211 |
| 年份 | 1992 | 1993 | 1994 | 1995 | 1996 | 1997 | 1998 | 1999 | 2000 | 2001 | 2002 |
| 存量 | 36064 | 63579 | 74151 | 101098 | 128069 | 153995 | 175156 | 186189 | 193348 | 203142 | 216503 |
| 增长率 | 0.439 | 0.763 | 0.166 | 0.363 | 0.267 | 0.202 | 0.137 | 0.063 | 0.038 | 0.051 | 0.066 |
| 年份 | 2003 | 2004 | 2005 | 2006 | 2007 | 2008 | 2009 | 2010 | 2011 | 2012 | 2013 |
| 存量 | 228371 | 245467 | 272094 | 292559 | 327087 | 378083 | 473083 | 587817 | 711802 | 832882 | 956793 |
| 增长率 | 0.055 | 0.075 | 0.108 | 0.075 | 0.118 | 0.156 | 0.251 | 0.243 | 0.211 | 0.170 | 0.149 |

数据来源:根据1980—2013年《联合国贸易与发展会议统计数据库(UNCTAD)》的相关数据整理及计算得到。

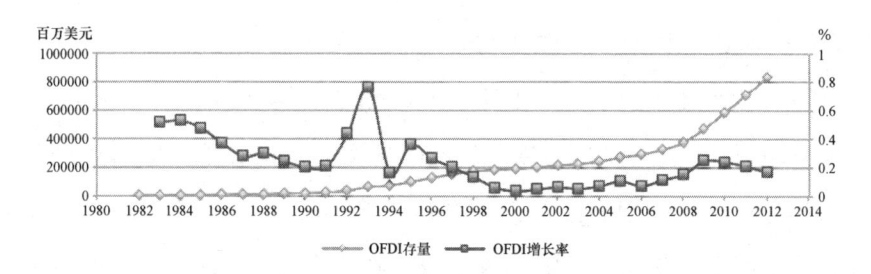

**图3—2 1981—2013年中国对外直接投资存量及增长率**

资料来源:作者自制。

从1982—2013年中国ODI的年增长率来看,1982—1990年期间，增长率基本处于下降态势；1991—2000 年，ODI 存量增长率经历了大起大落，这与前文分析的 ODI 流量增长率相吻合；2001 年开始，ODI 存量增长率开始呈现出缓慢增长态势，到 2010 年之后，ODI 存量增长率开始略微下降。但在 2009 年之后，中国 ODI 存量基数巨大，因此每年所增长的 ODI 存量规模仍然是巨大的。

## 第二节 中国对外直接投资的现状分析

### 一、中国对外直接投资的主体结构

中国现阶段 ODI 的主体结构呈现出由国有企业、合营企业、私营企业、外资企业和集体企业共同开拓国际市场的局面。笔者根据境内投资者在中国工商行政管理部门登记注册情况，对 2003—2013 年间中国对外直接投资者的构成进行统计，详见表 3—3。从数据来看，境内的有限责任公司是中国进行对外投资最活跃的群体，2003—2013 年间投资数量占总体境内投资者的比重不断上升，到 2013 年占比达到 66.1%。国有企业则紧随其后，位于第二。从数据来看，国有企业对外直接投资占境内投资主体的比例呈现不断下降的趋势，2003 年国有企业占比高达 43%，这一数据到了 2007 年，其占比不足 20%，到了 2013 年，其占比仅有 8.0%。这一方面是由于国企的改革促使国有企业将更多的精力放在了改革层面上；另一方面也说明有限责任公司成为对外直接投资的主要力量。股份有限公司、私营企业、集体企业、外商投资企业所占比例均呈现下降的态势，但下降的幅度都非常小。相较而言，股份合作企业和港澳台投资企业所占比例则较为稳定。

表3—3　2003—2013年中国对外直接投资者按登记注册类型构成

单位:%

|  | 2003 | 2004 | 2005 | 2006 | 2007 | 2008 | 2009 | 2010 | 2011 | 2012 | 2013 |
|---|---|---|---|---|---|---|---|---|---|---|---|
| 国有企业 | 43 | 35 | 29 | 26 | 19.7 | 16.1 | 13.4 | 10.2 | 11.1 | 9.1 | 8.0 |
| 有限责任公司 | 22 | 30 | 32 | 33 | 43.3 | 50.2 | 57.7 | 57.1 | 60.4 | 62.5 | 66.1 |
| 股份有限公司 | 11 | 10 | 12 | 11 | 10.2 | 8.8 | 7.2 | 7 | 7.7 | 7.4 | 7.1 |
| 股份合作企业 | 4 | 3 | 4 | 9 | 7.8 | 6.5 | 4.9 | 4.6 | 4 | 3.4 | 3.1 |
| 私营企业 | 10 | 12 | 13 | 12 | 11 | 9.4 | 7.5 | 8.2 | 8.3 | 8.3 | 8.4 |
| 集体企业 | 2 | 2 | 2 | 2 | 1.8 | 1.5 | 1.2 | 1.1 | 1 | 0.8 | 0.9 |
| 外商投资企业 | 5 | 5 | 5 | 4 | 3.7 | 3.5 | 3.1 | 3.2 | 3.6 | 3.4 | 3.0 |
| 港澳台投资企业 | 2 | 2 | 2 | 2 | 1.8 | 1.8 | 1.8 | 2 | 2.4 | 2.2 | 2.0 |
| 其他 | 2 | 1 | 1 | 1 | 0.7 | 2.2 | 3.2 | 6.6 | 0.7 | 1.3 | 1.0 |

数据来源:根据2003—2013年《中国对外直接投资统计公报》的相关数据整理及计算得到。

表3—4呈现的是,从ODI的存量的角度来度量的2003—2013年中国ODI的主体结构。与表3—3有所不同的是,国有企业成为中国对外直接投资存量中的主体,其次是有限责任公司,最后是股份有限公司、股份合作公司、私营企业和集体企业,而外商投资企业、港澳台企业和其他企业在ODI存量中的占比则非常小。从具体数据及变化趋势来看,2013年国有企业ODI占整个非金融类ODI存量的55.2%,与2007年(71%)相比下降了22.25个百分点;有限责任公司2013年占30.8%,较2007年(20.3%)增加了51.72个百分点,增幅较大,但其份额多数年份均在20%—26%之间小幅波动;

股份有限公司排名第三，其占比多分布在5%—8%之间；股份合作企业、私营企业、集体企业、外商投资企业和港澳台投资企业所占份额多在1%左右，变动幅度较小。

表3—4  2003—2013年中国对外直接投资存量（非金融类）的主体结构

单位:%

| 注册类型 | 2007 | 2008 | 2009 | 2010 | 2011 | 2012 | 2013 |
|---|---|---|---|---|---|---|---|
| 国有企业 | 71 | 69.6 | 69.2 | 66.2 | 62.7 | 59.8 | 55.2 |
| 有限责任公司 | 20.3 | 20.1 | 22 | 23.6 | 24.9 | 26.2 | 30.8 |
| 股份有限公司 | 5.1 | 6.6 | 5.6 | 6.1 | 7.6 | 6.6 | 7.5 |
| 股份合作企业 | 0.7 | 1.2 | 1 | 1.1 | 1.6 | 2.9 | 2.0 |
| 私营企业 | 0.5 | 1 |  | 1.5 | 1.7 | 2.2 | 2.2 |
| 集体企业 | 0.4 | 0.4 | 0.3 | 0.2 | 0.2 | 1.1 | 0.1 |
| 外商投资企业 | 0.7 | 0.8 | 0.5 | 0.7 | 0.9 | 0.2 | 1.2 |
| 港澳台投资企业 | 0.1 | 0.1 | 0.1 | 0.1 | 0.2 | 0.3 | 0.4 |
| 其他 | 0.2 | 0.2 | 0.3 | 0.5 | 0.2 | 0.7 | 0.6 |

数据来源：根据2007—2013年《中国对外直接投资统计公报》的相关数据整理及计算得到。由于2003—2006年《中国对外直接投资统计公报》并未统计该数据，因此这里只选取了2007—2012年。

通过对比表3—3和表3—4可以发现，有限责任公司对外投资企业数量达到境内对外投资企业数量的2/3，但其进行对外直接投资的存量却不足总体的1/3；国有企业数量占比不足1/10，但其进行对外直接投资的存量却接近于占总体的2/3。这说明国有企业对外直接投资项目规模巨大，这个特点从一个侧面说明中国ODI多为寻求资源、战略资产大型国企ODI，而追求利润最大化的有限责任公司，他们进行对外直接投资的目的多为市场寻求、效率寻求、技术寻求，这类企业数量众多，但规模普遍较小。该特点使得中国能够迅速扩大 ODI 的规模，但也成为发达国家阻碍中国资本进入到其技术核心领域的一个借口，如以美国、欧美为首的发达国家以政治因素为借口回绝中国企业在某些高科技产业的关键领域进行投资或者并购，这使得中国对外直接投资于高技术行业受阻，进而导致 ODI 的逆向技术溢出普遍较小。

**表 3—5　2013 年末对外直接投资存量前十位的省市区**

单位：亿美元

| 序号 | 省、市、区名称 | 存量 | 所占比重 |
| --- | --- | --- | --- |
| 1 | 广东省 | 342.34 | 0.233042886 |
| 2 | 上海市 | 178.44 | 0.121470388 |
| 3 | 山东省 | 160.47 | 0.109237577 |
| 4 | 北京市 | 127.65 | 0.086895848 |
| 5 | 江苏省 | 111.63 | 0.07599047 |
| 6 | 浙江省 | 109.88 | 0.074799183 |
| 7 | 辽宁省 | 77.31 | 0.052627638 |
| 8 | 湖南省 | 45.47 | 0.030953029 |
| 9 | 福建省 | 39.68 | 0.027011572 |
| 10 | 云南省 | 38.66 | 0.026317223 |

数据来源：根据 2013 年《中国对外直接投资统计公报》的相关数据整理及计算得到。

中国地区发展并不平衡，这导致中国的 ODI 主体所处地区也存在明显的分布不均情况。其中对外直接投资企业多集中在经济发达地区，详见表 3—5。2013 年末，地方非金融类的 ODI 存量突破千亿美元，达到 1649.6 亿美元，其占比达到全国非金融类存量的 30.3%，同比增加了 1.8 个百分点。其中：东部地区 1307.5 亿美元，占地区非金融类 79.3%；西部地区 193.9 亿美元，占地区非金融类 11.7%；中部地区 147.6 亿美元，占地区非金融类 9%。广东是中国对外直接投资存量最大的省份，2013 年 ODI（非金融类）达 342.34 亿美元，占地方非金融类 ODI 的 23.30%，其次为上海，占地方非金融类 ODI 的 12.14%，以后逐次为山东、北京、江苏、浙江、辽宁、湖南、福建、云南等。从投资主体数量的区域分布来看，浙江、广东、江苏、山东、福建、上海、北京、辽宁、湖南、河南这十个省份共占到境内投资者总数的 74.8%。其中，浙江省内投资者数量最多，占 16.8%，其次为广东占 14.5%，江苏省位列第三，占 10.1%；私营企业投资者主要来自浙江、江苏、广东三省，占到 55.9%。

### 二、中国对外直接投资的行业特征

#### （一）对外直接投资绝对值差异

前面我们已经通过数据表明中国企业的对外直接投资正在呈现快速的增长趋势，那么在各个行业中，对外直接投资的增长是否呈现某种特点呢？这涉及到 ODI 的产业结构问题，这是本节所关注的问题。笔者将各行业 2004—2013 年的对外直接投资汇集在表 3—6 中，[①] 从表 3—6 中可以看出各行业的对外直接投资发展趋势呈现较

---

① 其中公共管理与社会组织行业对外投资数据太少予以剔除。

大的差异。就对外直接投资绝对值来说，最高的行业为租赁和商务服务业，其在2004—2013年间对外直接投资的平均值占年均对外直接投资总额的33.45%，而最低的行业为教育行业，其在2004—2013年间ODI的平均值占年均ODI总额的0.43%。采矿业，电气、燃气及水的生产和供应业，批发和零售业，金融业年均ODI都超过了年均总ODI的10%。同时，可以看到建筑业，信息传输、计算机服务和软件业，住宿和餐饮业，教育，水利、环境和公共设施管理的标准差/均值均大于1，说明这些行业的ODI波动比较明显，其余行业的对外直接投资较为稳定。

从三大类行业结构看，如图3—3，第三产业对外直接投资占比最高，同时三大产业的对外直接投资行为基本处于上升态势。尤其在2007年之后，第三产业ODI快速上升；第二产业ODI基本处于平稳上升态势，在2010年略有下降；而第一产业ODI占比最低，处于缓慢上升态势。从产业要素密集度①的角度看，劳动密集型行业和资本密集型行业的ODI变动趋势具有明显的差异，其中在2008—2011年间，二者的变化趋势基本呈相反的方向，劳动密集型行业呈现先上升后下降的趋势，而资本密集型行业则呈现先下降后上升的态势。在2011年后，两者都呈现明显的上升态势。劳动密集型产业对外直

---

① 我们采用金碚等（2011）的做法，以各行业的人均固定资产的平均值作为分界点，将18个行业分为劳动密集型产业和资本密集型产业。其中劳动密集型产业有：农林渔牧业，建筑业，交通运输、仓储和邮政业，批发和零售业，房地产业，租赁和商务服务业，水利、环境和公共设施管理业，住宿和餐饮业，居民服务和其他服务，卫生、社会保障和社会福利，教育；资本密集型产业有：采矿业，制造业，文化、体育和娱乐业，金融业，科学研究、技术服务和地质勘查业，信息传输、计算机服务和软件业，电力、燃气及水的生产和供应业。

接投资2004—2012年年均增长率212.5%，资本密集型产业的年均增长率则为67.03%，同时劳动密集型产业的ODI绝对值显著高于资本密集型产业。这种对外直接投资的结构表明中国顺梯度ODI（劳动密集型产业转移出去）和逆梯度ODI都在不断扩大，但顺梯度ODI的扩展速度更快，比例更大，说明中国对外直接投资在行业结构上是在不断升级的。

表3—6　2004—2012年分行业对外直接投资统计值

单位：万美元

| 行业 | 均值 | 标准差 | 标准差/均值 | 行业 | 均值 | 标准差 | 标准差/均值 |
| --- | --- | --- | --- | --- | --- | --- | --- |
| 农林牧渔 | 46205.5 | 40623.4 | 0.88 | 住宿和餐饮业 | 6642.22 | 7217.2 | 1.086 |
| 采矿业 | 766099.1 | 476083.9 | 0.621 | 金融 | 671377.5 | 373711.8 | 0.556 |
| 制造业 | 338320.2 | 263940.2 | 0.780 | 房地产业 | 92213.3 | 73797.1 | 0.801 |
| 建筑业 | 90083.1 | 102101.6 | 1.133 | 教育 | 2001.4 | 3437.2 | 1.717 |
| 交通运输、仓储和邮政业 | 253089.8 | 151317.4 | 0.597 | 水利、环境和公共设施管理业 | 5765.7 | 8277.4 | 1.435 |
| 信息传输、计算机服务和软件业 | 78135.6 | 108148.7 | 1.384 | 科学研究、技术服务和地质勘查业 | 54216.3 | 45900.1 | 0.846 |
| 批发和零售业 | 594769.1 | 386491.3 | 0.649 | 居民服务和其他服务业 | 25686.8 | 24472.7 | 0.952 |
| 租赁和商务服务业 | 1562551.8 | 1083964 | 0.693 | 电力、燃气及水的生产和供应业 | 77278.1 | 73700.1 | 0.953 |

数据来源：根据《2013年中国对外直接投资统计公报》的相关数据整理及计算得到。

很明显，从上面的分析以及数据中可以看到，第三产业的 ODI 比例明显高于第二产业和第一产业，劳动密集型产业的 ODI 比重明显高于资本密集型产业，这说明中国的劳动密集型服务业正在加速走出国门，这是一个非常明显的结果。因为"中国制造"遍布整个世界，企业面临内需不足，生产过剩的现状，中国更多地选择走出去来销售自己的产品，进而造成中国的批发和零售业、租赁和商务服务业、住宿和餐饮等劳动力密集型服务业的 ODI 较多。同时，中国的资本密集型产业的 ODI 也在不断增加，这意味着中国的资本密集型产业也在不断融入到国际社会中，也就是说中国企业所获得逆向技术溢出在长期呈现不断提升的趋势，当然这种逆向技术溢出使得中国从中受益多大，还得进一步检验，这也是后文中进一步实证分析的重要内容。

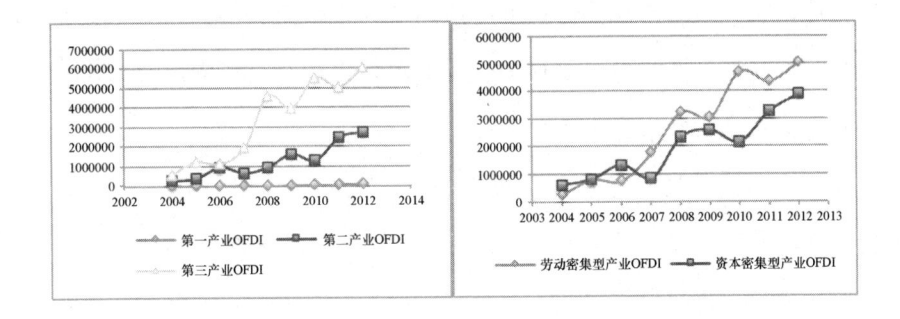

**图 3—3　2004—2012 年中国分类行业 ODI 的变化趋势**

数据来源：根据《2012 年中国对外直接投资统计公报》的相关数据整理及计算得到。

## （二）对外直接投资占固定资产投入的差异

各行业由于所属性质的差异，仅仅依靠 ODI 的绝对值差异无法完整的剖析行业间对外直接投资水平。因此，这里同时采用对外直接投资占各行业的固定资产投入的比重来再次衡量各行业 ODI 水平的差异，我们将各行业 2004—2012 年对外直接投资水平汇集在表 3—7 中。从表中可以看出各行业的 ODI 占各行业全社会固定资产投资的比重存在较大的差异，但其结果大致同各行业的 ODI 绝对值水平一致。最高的行业为金融业，其 ODI 占固定资产投资的比例达到了 248.6%，排名第二为租赁与商务服务业，其占比达到了 143.3%，而占比最低的行业仍旧为教育，其比例仅为 0.4%。同时可以看到除交通运输、仓储和邮政业，租赁和商务服务业，金融业之外，其余产业的标准差/均值均大于 1，说明交通运输、仓储和邮政业，租赁和商务服务业和金融业的对外直接投资占固定资产比重的波动并不是很明显，而其余产业的对外直接投资占固定资产投资的比例具有明显的波动趋势。

从三类产业结构来看，如图 3—4，与各行业 ODI 绝对值得出的结论类似，第三产业的 ODI 占固定资产投资比例最高，且趋于快速增长态势；第二产业的 ODI 站固定资产投资比例次之，增长速度较为缓慢；第一产业 ODI 占比则最低，基本处于平稳态势。就产业要素密集度的角度来看，资本密集型产业 ODI 和劳动密集型产业 ODI 占比都处于增长态势，但资本密集型产业在 2010—2011 年有一个迅速的下滑，同时，劳动密集型产业 ODI 占比明显高于资本密集型产业 ODI 占比，这一现象同图 3—1 中各产业 ODI 绝对值的结论相符。

表 3—7　2004—2012 年分行业对外直接投资占固定资产比重统计值

| 行业 | 均值 | 标准差 | 标准差/均值 | 行业 | 均值 | 标准差 | 标准差/均值 |
| --- | --- | --- | --- | --- | --- | --- | --- |
| 农林牧渔 | 0.0112 | 0.0148 | 1.31 | 住宿和餐饮业 | 0.0048 | 0.0059 | 1.2269 |
| 采矿业 | 0.1139 | 0.1141 | 1.0006 | 金融 | 2.4862 | 1.8674 | 0.7511 |
| 制造业 | 0.0072 | 0.0088 | 1.2239 | 房地产业 | 0.0025 | 0.0027 | 1.0644 |
| 建筑业 | 0.0526 | 0.0670 | 1.2736 | 教育 | 0.0004 | 0.0009 | 2.0826 |
| 交通运输、仓储和邮政业 | 0.0127 | 0.0097 | 0.7636 | 水利、环境和公共设施管理业 | 0.0005 | 0.0008 | 1.6243 |
| 信息传输、计算机服务和软件业 | 0.0298 | 0.0428 | 1.4349 | 科学研究、技术服务和地质勘查业 | 0.0751 | 0.0868 | 1.1563 |
| 批发和零售业 | 0.1830 | 0.1985 | 1.0848 | 居民服务和其他服务业 | 0.0422 | 0.0526 | 1.2474 |
| 租赁和商务服务业 | 1.4340 | 1.4180 | 0.9888 | 电力、燃气及水的生产和供应业 | 0.0065 | 0.0072 | 1.1046 |

数据来源：根据《2013 年中国对外直接投资统计公报》和《中国统计年鉴》的相关数据整理及计算得到。

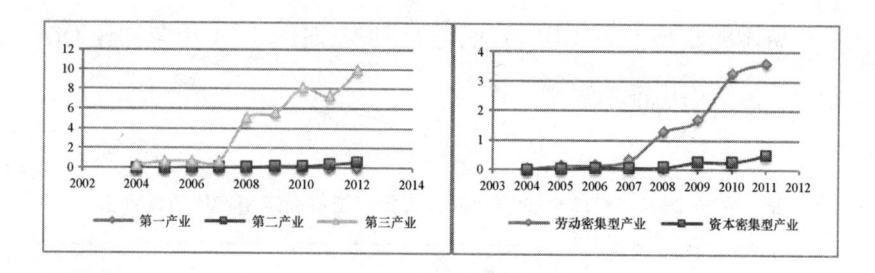

**图 3—4  2004—2012 年中国分类行业 ODI 占固定资产投资的变化趋势**

数据来源：根据《2012 年中国对外直接投资统计公报》和《中国统计年鉴》的相关数据整理及计算得到。

从上面的分析可以看出，无论是采用 ODI 的绝对量还是 ODI 占固定资产投资的比例来衡量各行业的 ODI 水平，得到的结论基本一致，说明现阶段中国顺梯度 ODI 的比例要高于逆梯度 ODI，那么顺梯度 ODI 的产业结构升级效应与逆梯度 ODI 二者对产业结构的促进机制是否呈现相同的趋势？二者之间的区别在哪里？还需要我们在下文的分析中进一步进行理论分析和实证检验。

### 三、中国对外直接投资的区域分布

ODI 的区域流向结构是我们在后文中进行实证检验 ODI 的产业结构效应的一个重要内容。通过对对外直接投资区域流向的研究，可以对中国对外直接投资区位结构的特征做一个大致的了解，进而从宏观层面了解顺梯度 ODI 和逆梯度 ODI 的概况,[①] 把握中国对外直接投资东道国市场的多元化状况。

### (一) 区域分布的演变趋势

从改革开放以来,中国 ODI 流向的区域分布呈现一定的阶段性,我们借鉴 Dunning (1981、1986) 提出的投资发展阶段理论 (IDP, Investment Development Path) 和白洁 (2009) 的结论,将中国 ODI 区域分布的演变大致分为四个阶段:

第一阶段:1979—1985 年,这个时期的 ODI 基本呈现顺梯度 ODI 占绝大优势的态势。这一阶段,中国的 ODI 大多选择投资在进出口市场集中的地区,其中以亚洲尤其是东南亚为主,通过在东道国开设外销点或代表处的方式,对东南亚进行 ODI;进行技术合作的企业则选择与中国有着良好政治关系的落后发展中国家进行合作,常常以中东、非洲等落后地区为主要投资区域,主要通过承接当地工程项目和进行劳务输出的方式进行对外直接投资。

第二阶段:1982—1992 年,这个时期的对外直接投资开始由之前的顺梯度 ODI 占有绝对优势转向顺梯度与逆梯度 ODI 并存的态势。中国企业的对外投资开始从之前仅投资于邻近国家和落后发展中国家向亚非拉等其他发展中国家以及美国、欧洲等众多发达国家辐射。截至 1991 年底,中国在 93 个国家 (或地区) 开办的非贸易性境外

---

[①] 顺梯度 ODI 和逆梯度 ODI 准确比例并不能通过流向发达国家还是发展中国家判断出来,但我们通过 ODI 区域的分布可以对顺梯度 ODI 和逆梯度 ODI 的比例做一个大致的了解。

企业达到1008家，①对外投资总额达到13.95亿美元，其中发达国家美国、日本、德国、澳大利亚、加拿大以及俄罗斯的境外企业达410家，占了中国境外企业的40.6%，对这些地区的ODI金额达到9.54亿美元，占总ODI的68.3%；在新兴国家（或地区）的境外企业共计256家，新兴国家或地区（包括香港、澳门、泰国、新加坡和马来西亚）的ODI金额达到1.6亿美元，约占总ODI的11.5%。②

第三阶段：1993—2002年，这一阶段顺梯度ODI发展速度明显加快，特别表现在企业对非洲、拉丁美洲、亚洲地区的直接投资增加明显。中国企业对外直接投资的地区开始从第二阶段的港澳以及北美等较发达地区逐渐向亚太、非洲、拉美等发展中地区转移，这其中对非洲地区的投资加速尤为突出。截至1998年底，中国投资于尼日利亚、喀麦隆、南非、巴西、阿根廷五个非洲和拉美国家的境外企业总数达到121个（约占5%），投资金额为1.3亿美元（约占5%）；投资于美国、德国、日本、澳大利亚、加拿大和俄罗斯这6个发达国家的企业达829家（约占34.5%），投资金额达到11.9亿美元（约占46.3%），无论是从投资的企业数量还是投资金额来看，相比1991年都有所下滑；在新兴工业化国家（或地区）③的境外企业有539家，约占境外企业总量比重的22.5%，投资金额为4.13亿美元（约占16%）。④可以发现，相较1991年，投资于新兴经济体的企业

---

① 根据商务部统计资料，1992年以前中国贸易性境外企业数据不详。
② 根据《中国对外经济贸易年鉴1993》计算得到。
③ 这里是指新加坡、香港地区、澳门地区、泰国和马来西亚。
④ 根据《中国对外经济贸易年鉴1999》计算得到。

数量比重有略微下降，但投资金额所占比重则有所增加。

**表3—8 2003—2013年中国对外直接投资流量前七位国家（地区）所占份额**　　　　单位：%

| 年份 | 1 | 2 | 3 | 4 | 5 | 6 | 7 | 总计 |
|---|---|---|---|---|---|---|---|---|
| 2003 | 香港 40.35 | 开曼群岛 28.32 | 英属群岛 7.37 | 韩国 5.4 | 丹麦 2.59 | 美国 2.28 | 泰国 2 | 88.31 |
| 2004 | 香港 47.8 | 开曼群岛 23.38 | 英属群岛 7.02 | 苏丹 2.67 | 澳大利亚 2.27 | 美国 2.18 | 俄罗斯 1.4 | 86.72 |
| 2005 | 开曼群岛 42.09 | 香港 27.9 | 英属群岛 10.03 | 韩国 4.8 | 美国 1.89 | 俄罗斯 1.63 | 澳大利亚 1.57 | 89.91 |
| 2006 | 开曼群岛 37 | 香港 32.75 | 英属群岛 2.54 | 俄罗斯 2.14 | 美国 0.94 | 新加坡 0.62 | 沙特 0.55 | 76.54 |
| 2007 | 香港 51.8 | 开曼群岛 9.81 | 英属群岛 7.08 | 加拿大 3.9 | 巴基斯坦 3.44 | 英国 2.14 | 澳大利亚 2.01 | 80.18 |
| 2008 | 香港 69.11 | 南非 8.6 | 英属群岛 3.76 | 澳大利亚 3.38 | 新加坡 2.77 | 开曼群岛 2.73 | 澳门 1.15 | 91.5 |
| 2009 | 香港 62.98 | 开曼群岛 9.48 | 澳大利亚 4.31 | 卢森堡 4.02 | 英属群岛 2.85 | 新加坡 2.5 | 美国 1.61 | 87.75 |
| 2010 | 香港 55.96 | 英属群岛 8.89 | 开曼群岛 5.08 | 卢森堡 4.66 | 澳大利亚 2.47 | 瑞典 1.99 | 美国 1.9 | 80.95 |
| 2011 | 香港 47.76 | 英属群岛 8.32 | 开曼群岛 6.61 | 法国 4.66 | 新加坡 4.38 | 澳大利亚 4.24 | 美国 2.43 | 78.4 |
| 2012 | 香港 58.4 | 美国 4.6 | 哈萨斯坦 3.4 | 英国 3.2 | 英属群岛 2.6 | 澳大利亚 2.5 | 委内瑞拉 1.8 | 76.5 |
| 2013 | 香港 58.3 | 开曼群岛 8.6 | 美国 3.6 | 澳大利亚 3.2 | 英属群岛 3.0 | 新加坡 1.9 | 印尼 1.5 | 80.1 |

注：英属群岛实为英属维尔京群岛。印尼为印度尼西亚的缩写，由于表中的尺寸有限，因此在表中进行了简写。

数据来源：根据2003—2013年《中国对外直接投资统计公报》的相关数据整理得到。

第四阶段：2003年至今，除去香港、英属维尔京群岛、开曼群岛三大免税区，[①] 中国ODI区域多元化趋势更加明显。由表3—8显示，2003—2011年，中国对外直接投资最多的七个国家（地区）所占的比重非常高，基本维持在84%左右的水平，在2008年这一数据达到91.5%。即使在最低的年份2012年，也达到76.5%的高位。但是，在排除香港、开曼群岛和英属维尔京群岛三大免税区之后，其他国家（地区）如韩国、美国、法国、新加坡、加拿大、俄罗斯等国家吸引中国的对外直接投资份额相差无几。同时我们还可以从表3—8发现，中国ODI的区域分布主要集中在三大地区：一是中国周边，如港澳地区、泰国、新加坡、韩国等，这是因为地缘的接近、文化的相似以及华人的众多，对外直接投资少了文化甚至是语言的障碍；二是发达地区，诸如美国、加拿大、瑞典、澳大利亚等地区，这是因为在发达国家或地区进行投资有利于对先进技术的进一步掌握和吸收，对于我国通过"干中学"来实现技术赶超具有重要意义；三是在发展较为落后的地区，如巴基斯坦、苏丹等，中国企业对这些国家或地区的投资一方面可以发挥规模优势，另一方面还可以发挥当地的劳动密集比较优势，进而在广阔的范围内通过利用比较优势来优化资源配置，实现规模经济，从而带动母国企业的技术升级以及产业结构调整。

---

① 根据数据显示，2003—2011年我国对外直接投资主要集中在我国香港地区、开曼群岛、英属维尔京群岛三大地区，尤其是我国香港地区的份额最大，大多数年份香港吸引我国对外直接投资份额在50%左右。

### (二) 中国对外直接投资的国别构成

截至 2013 年末，中国企业对外直接投资在世界的分布范围达到 184 个国家（地区），占全球国家（地区）总数的 80.8%。虽然投资范围辽阔，但投资的地区分布却不平衡，分布区域呈现高度集中的特点，其中亚洲和拉丁美洲占到存量的 80%。2013 年末，中国企业在亚洲地区的投资存量达到 4474.1 亿美元，占总 ODI 存量的 67.7%，并且主要分布在中国香港、新加坡、哈萨克斯坦、缅甸、韩国、蒙古国等，这其中占比最大的则为中国香港，其存量占亚洲存量的 84.3%。而在拉丁美洲的投资存量则为 860.9 亿美元，占总的存量比重的 13%，其中英属维尔京群岛和开曼群岛的存量达到 762.2 亿美元。通过上述数据我们可以发现，中国的 ODI 主要集中在亚洲和拉丁美洲地区，虽然其投资存量较大，但其覆盖的国家（地区）数量仅占 40.8%，说明中国企业在对外直接投资的同时不仅仅存在各大洲的不平衡，在同一大洲的投资区位选择也不尽相同，存在差异。同时，中国香港、英属维尔京群岛、开曼群岛这三者占中国 ODI 存量的比重达到 68.1%，说明中国的对外直接投资将免税区作为一个主要目的地。

# 第四章　对外直接投资促进产业结构调整的理论机制

本章拟从理论上厘清对外直接投资对产业结构的调整功能，而第一节首先分析顺梯度对外直接投资对产业内不同环节的影响。接下来在第二节将视野扩大，研究逆梯度对外直接投资如何影响产业结构升级。最后第三节对 ODI 的产业结构调整功能进行了简短的总结。

随着分工的细化和全球化的加速，同一产品的不同环节可以在全球范围内进行加工组合，最终产品生产者基于成本节约、技术寻求的角度将其生产的部分环节转移至外国生产，导致了产业结构的变化。事实上，由于对外直接投资的东道国不同，其对产业结构升级的影响也不尽相同。从顺梯度对外直接投资的国家层面看，现有研究的理论主要有：日本经济学家赤松要（1962）的雁形模式理论、哈佛大学教授维农（1966）产品生命周期理论和日本经济学家小岛清（1978）的边际产业扩张论等。随着国际分工的进一步深化和环境问题愈加突出，发展中国家的传统要素禀赋比较优势发生变化，其对自身的核心竞争力进行了重新定位，通过顺梯度 ODI 将低附加值中间产业或环节转移到较落后的国家，同时将重心集中在研发、设计和营销等高附加值中间产业或部门，进而促进母国产业升级。逆梯度对外直接投资由于投资对象较母国企业更为发达，其主要从技术寻求的角度来进行对外直接投资。针对20世纪80年代以来发展中国家和地区对经济发达国家的直接投资加速增长的趋势，英国学者坎特维尔和托兰提诺（1987）共同提出了技术创新和产业升级理论，从动态化的角度研究发展中国家对发达国家的ODI行为。该理论的基本命题可总结为：发展中国家和地区企业技术能力的提高与对外直接投资的增长直接相关，即发展中国家和地区通过对外直接投资促使母国企业技术能力稳定提高和扩大，进而影响其国际生产活动和发展中国家跨国公司对外投资的形式和增长速度。Mathews（2006）认为发展中国家对发达国家的ODI通过"资源联系""杠杆效应""干中学"可以获得新的竞争优势并促进本国产业发展。

但是，这些研究多数基于文字推导和图形分析，利用数理模型对ODI进行研究的文献相对较少。随着迪克西（Dixit）和Grossman（1982）将中间品生产函数引入到最终产品的生产上来，Feenstra和汉森（Hanson，1996、2001）考虑了一个连续生产阶段的产业中外资对工资和就业的影响，而Kohler（2004）则探讨在一个多阶段生产的产业中将技术因素考虑进模型，分析外包与要素价格的关系。这些文献对ODI的产业结构调整效应有零星涉及，本节试图沿着Dixit和Grossman（1982）、Feenstra和Hanson（1996、2001）以及Kohler（2004）的研究思路和郑若谷（2011）的研究框架，在一个体系内对ODI的产业升级效应进行研究。

本章的研究在以下几个方面有别于Feenstra和Hanson（1996）、

Kohler（2004）以及郑若谷博士（2011）的研究：第一，他们的研究对象是外包对要素价格和国家间的利益分配的影响，而本章则专注于 ODI 的产业结构调整功能；第二，他们的研究对象从承接国出发，而本章则从对外直接投资的母国出发，来研究 ODI 对母国产业升级的影响；第三，将 Helpman et al.（2004）对外资投资成本的考虑和 Kohler（2004）对技术的考虑融入进了 Feenstra 和 Hanson（1996）模型，考虑 ODI 的技术溢出效应；第四，区分顺梯度 ODI 和逆梯度 ODI 对产业结构升级的不同影响。

## 第一节 顺梯度 ODI 与产业结构升级

### 一、理论框架与对外直接投资范围的确定

假设世界上只有两个国家：较发达国家 D 和较不发达国家 U；两种生产要素：资本 K 和劳动 L，其中劳动分为高技术劳动 H 和低技术劳动 L 两类；一个产业 Y，产业 Y 由一系列连续的中间投入品 z 组装而成。每一单位中间投入品 z 需要 $b_L(z)$ 单位的低技术劳动，$b_H(z)$ 单位高技术劳动和 $b_K(z)$ 单位的资本，中间投入品总的要素需求分别为 L(z)、H(z) 和 K(z)。假设 z 按照技术密集度递增的顺序进行排序，即 $\partial(b_H(z)/b_L(z))/\partial z > 0$，并将全部商品 z 指数化到 [0, 1] 间的连续商品集中。同时对 z 的顺序作出一个补充假设，即这一排列顺序同按照资本密集度上升的顺序排列相吻合。

这里假设中间投入 z 的生产函数是里昂惕夫和 C-D 复合型

的，则

$$x(z) = A_i \left[ \min\left\{ \frac{L(z)}{b_L(z)}, \frac{H(z)}{b_H(z)} \right\} \right]^{\theta} \left[ \frac{K(z)}{b_K(z)} \right]^{1-\theta}, \quad i = D, U$$

(4—1)

其中，$0<\theta<1$，A 为常数，两国具有希克斯中性技术差异，即 $A_D > A_U$，亦即较发达国家 D 的技术水平高于较不发达国家 U。最终产品按照生产技术无成本组装在一起：

$$\ln Y = \int_0^1 \alpha(z) \ln x(z) dz, \text{其中} \int_0^1 \alpha(z) dz = 1 \quad (4—2)$$

其中 $\alpha(z)$ 表示中间投入所占总投入的比重。一国的低技术劳动禀赋、高技术劳动禀赋和资本禀赋分别定义为 $L_i$，$H_i$ 和 $K_i$，分别对应的要素价格为 $w_i$，$q_i$ 和 $r_i$。假设国家 D 和国家 U 之间的技术差距和要素禀赋差异足够大，以至于要素价格不会实现均等化。由于较发达国家 D 资本禀赋和高技术劳动更为丰富，国家 U 则低技术劳动更占优，根据供求定律，国家 D 的资本回报率较低（$r_D < r_U$），且高技术劳动与低技术劳动的工资回报率之比低于国家 U（$q_U/q_U > q_D/w_D$）。同时，假设高技术劳动和低技术劳动供给相对于相对工资之比，存在 $L_i^{'}(q_i/w_i) \leq 0$ 和 $H_i^{'}(q_i/w_i) \geq 0$ 的关系，这是供给反应是因为随着相对工资的提升，低技术劳动力的供给会减少，同时愈来愈多的低技术劳动工人通过学习、技术培训等手段成为了高技术劳动力。

根据成本最小化原则，国家 i 生产一单位产品 z 的成本可表示为：

$$c_i(w_i, q_i, r_i; z) = B_i \left[ w_i b_L(z) + q_i b_H(z) \right]^{\theta} \left[ b_K r_i \right]^{1-\theta}, \quad (4—3)$$

其中，$B_i = \theta^{-\theta}(1-\theta)^{-(1-\theta)}A_i^{-1}$，$c_D(w_D,q_D,r_D;z)$ 和 $c_U(w_U,q_U,r_U;z)$ 则分别为国家 D 和国家 U 生产一单位产品 z 的成本。根据成本最小化原则，得到所有产品 $z \in [0,1]$ 在国家 D 和国家 U 生产成本线 $C_DC_D$ 和 $C_UC_U$。由于较发达国家 D 在生产高技术劳动密集产品上具有比较优势，而国家 U 由于禀赋优势，在生产低技术劳动密集产品具有比较优势，因此生产高技术劳动密集产品时，$C_UC_U$ 一定处于 $C_DC_D$ 之上，同理，生产低技术劳动密集产品时，$C_UC_U$ 一定处于 $C_DC_D$ 之下，如图4—1。由于对所有中间投入品 $z \in [0,1]$，资本所占成本份额均为 $(1-\theta)$，因此有且只有一个成本相同点，如图4—1 中的 $z^*$，其满足：

$$c_D(w_D,q_D,r_D;z^*) = c_U(w_U,q_U,r_U;z^*) \quad (4-4)$$

这里定义在较发达国家 D 生产 z 上是否具有成本比较优势：

$$r(w,q,r;z) = \frac{c_D(w_D,q_D,r_D;z)}{c_U(w_U,q_U,r_U;z)} = \frac{A_U}{A_D}\left(\frac{w_D}{w_U} \cdot \frac{1 + \frac{q_D}{w_D}\frac{b_H(z)}{b_L(z)}}{1 + \frac{q_U}{w_U}\frac{b_H(z)}{b_L(z)}}\right)^\theta \left(\frac{r_U}{r_D}\right)^{1-\theta}$$

$$(4-5)$$

若 $r(w,q,r;z) > 1$，即 $c_D(w_D,q_D,r_D;z) > c_U(w_U,q_U,r_U;z)$，$z < z^*$ 时，表明较不发达国家 U 在生产产品 $z \in [0,z^*)$ 上具有成本优势。若 $r(w,q,r;z) < 1$，即 $c_D(w_D,q_D,r_D;z) < c_U(w_U,q_U,r_U;z)$，$z > z^*$ 时，表明较发达国家 D 在生产产品 $z \in (z^*,1]$ 上具有比较优势。如 $r(w,q,r;z) = 1$，即 $c_D(w_D,q_D,r_D;z) = c_U(w_U,q_U,r_U;z)$，$z = z^*$，生产产品 z 在两国间无差异。同时，由于 $q_D/w_D < q_U/w_U$ 且 $\partial(b_H(z)/b_L(z))/\partial z > 0$，当两个要素价格水平和技术保持不变

时，$r(w,q,r;z)$ 关于 z 是递减的。

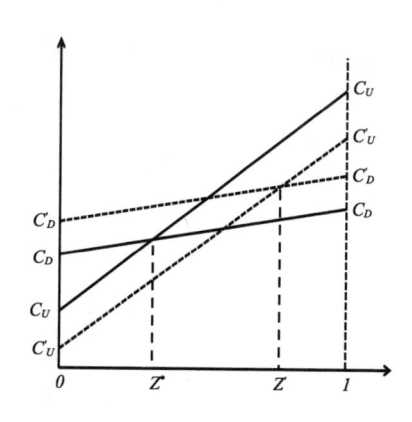

**图 4—1 对外直接投资范围的决定 A**
资料来源：作者自制。

**图 4—2 对外直接投资范围的决定 B**
资料来源：作者自制。

在此基础上，参照 Helpman et al.（2004）的思路，考虑对外直接投资成本问题。对外直接投资的过程中存在大量的投入成本，比如契约签订、信息交流、建设厂房等。当一国对外直接投资成本低于贸易所花费的成本时，这个国家会选择对外直接投资。假设这一投入成本为 $\tau(z) > 1$，即国家 U 本土生产一单位产品 z 时在国家 U 的跨国外企业需要生产 $\tau(z)$ 单位产品 z，投资成本的存在使得跨国生产存在一定比例的损失。同时，考虑到对外直接投资会产生一定的逆向溢出 $\rho(z) > 1$，母国通过投资目的国的产业集聚效应、与东道国企业的前后向关联效应以及协同效应产生反向溢出效应，有助于促进母国的规模经济和技术发展。同时，东道国接受 FDI 也存在技术外溢效应 $\lambda(z)$，FDI 的流入伴随着技术、管理经验和人力资源在内总体的转移，从而通过关联效应产生技术外溢。为简化分析，借鉴郑若谷（2011）的做法，假设这种技术溢出是希克斯中性的，它对资本和劳动的影响是成比例的。

将对外直接投资的成本和逆向溢出考虑进来后，则生产产品 z 的成本比较优势则决定于：

$$\Gamma(w,q,r;z) = r(w,q,r;z) \cdot \frac{A_U(\lambda(z))}{A_D(\tau(z),\rho(z))}$$

$$\left(\frac{w_D}{w_U} \cdot \frac{1+\frac{q_D}{w_D}\frac{b_H(z)}{b_L(z)}}{1+\frac{q_U}{w_U}\frac{b_H(z)}{b_L(z)}}\right)^\theta \left(\frac{r_U}{r_D}\right)^{1-\theta} \quad (4-6)$$

其中 $A_D$ 是 $\tau(z)$、$\rho(z)$ 的函数，且 $\partial A_D/\partial \tau < 0$，$\partial A_D/\partial \rho > 0$，表明对外直接投资成本的增加对国家 D 的跨国企业的生产技术产生负面影响，而逆向技术溢出存在则会促进跨国企业的技术增长。$A_U$ 则是 $\lambda(z)$ 的函数，且 $\partial A_U/\partial \lambda > 0$，即正向技术外溢存在会促进东道国企业技术的增长。

在考虑到投资成本和逆向技术溢出效应存在的条件下，假设较发达国家 D 的"技术"水平不会低于较不发达国家 U，即 $A_D(\tau(z),\rho(z)) > A_U(\lambda(z))$，[①] 因此 $A_D(\tau(z),\rho(z))$ 存在一个下限，即较发达国家 D 的总体"技术"水平存在一个下限。这样，保证了 $\Gamma(w,q,r;z)$ 关于 z 的单调性与 $r(w,q,r;z)$ 相同。

由此，确定了较发达国家企业根据自己的比较优势明确的对外直接投资的行业范围，如图 4—2。若 $\Gamma(w,q,r;z) > 1$，表明较不发

---

① 一方面，这里主要分析顺梯度对外直接投资，即前提假设国家 D 的技术高于国家 U 的技术；另一方面，当国家 D 对外直接投资技术低于国家 U 的技术时，国家 D 会选择国际贸易而非国际投资。

达国家 U 在生产产品 $z \in [0, z^*]$ 上具有总体成本优势。若 $\Gamma(w, q, r; z) < 1$，表明较发达国家 D 在生产产品 $z \in (z^*, 1]$ 上具有总体比较优势。如 $\Gamma(w, q, r; z) = 1$，生产产品 z 在两国间无差异。

当较发达国家技术发展较快，对外投资成本下降，贸易壁垒上升时，对外直接投资范围会进一步扩大，如图4—2中，则会出现 $z^*$ 向 $z'$ 移动的过程。接下来本节便就这种情况分析 ODI 对较发达国家 D 的产业结构造成的影响。

产业结构的变化主要表现在要素结构、收入水平、产业技术和贸易结构等方面，下面本节就顺梯度对外直接投资对这些方面的影响进行分析。

## 二、要素结构的变化

产品的生产包括资本和劳动两种要素，其中劳动又分为高技术劳动和低技术劳动，因此产品生产的要素结构变化主要包括两个方面的变化：一是高技术劳动投入和低技术劳动投入比例的变化，二是资本和劳动投入的比例变化。

在确定了对外直接投资生产范围后，较不发达国家 U 生产中间投入品范围为 $z \in [0, z^*)$，较发达国家 D 生产中间投入品范围则为 $z \in (z^*, 1]$。则国家 U 和国家 D 的总生产成本分别为：

$$C_U(w_U, q_U, r_U; z) = \int_0^{z^*} c_U(w_U, q_U, r_U; z) x(z) dz \quad (4\text{—}7)$$

$$C_D(w_D, q_D, r_D; z) = \int_{z^*}^1 c_D(w_D, q_D, r_D; z) x(z) dz \quad (4\text{—}8)$$

为了简化问题，假设投入成本和逆向溢出不随产品的变化而变化，即为一个常数，这里假定较发达国家 D 所有生产中间投入品的技术水平达到一个下限 $A_D$，将（4—3）带入（4—7）和（4—8）中，对要素价格求导，根据 Shephard 引理可得生产中间投入品 $z \in (z^*, 1]$ 时，国家 D 中各种生产要素的需求：

$$L_D(w, q, r) = \int_{z^*}^{1} B_D \theta \left[ \frac{r_D b_K(z)}{w_D b_L(z) + q_D b_H(z)} \right]^{1-\theta} b_L(z) x_D(z) dz \tag{4—9}$$

$$H_D(w, q, r) = \int_{z^*}^{1} B_D \theta \left[ \frac{r_D b_K(z)}{w_D b_L(z) + q_D b_H(z)} \right]^{1-\theta} b_H(z) x_D(z) dz \tag{4—10}$$

$$K_D(w, q, r) = \int_{z^*}^{1} B_D (1-\theta) \left[ \frac{w_D b_L(z) + q_D b_H(z)}{r_D b_K(z)} \right]^{\theta} b_K(z) x_D(z) dz \tag{4—11}$$

根据克布道格拉斯（C-D）生产函数，本节将国家 D 生产中间投入品 $z \in (z^*, 1]$ 的收入 $(w_D L_D + q_D H_D + r_D K_D)$ 分为劳动收入占比 $\theta$ 和资本收入占比 $(1 - \theta)$，则可以表现为下式[①]：

$$r_D K_D = [w_D L_D + q_D H_D](1-\theta)/\theta \tag{4—12}$$

假设整个世界中该产业的支出为 E，每个环节所占总投入的比重为 $\alpha(z)$，其中 $\int_0^1 \alpha(z) dz = 1$。则国家 D 每个中间投入品的需求满足：

$$x_D(z) = \alpha(z) E / c_D(z), \quad z \in [z^*, 1] \tag{4—13}$$

结合成本函数（4—3）式和（4—13）式，并将这一关系代入

---

[①] 国家 D 的收入实际还包含在国家 U 的投资回报收入，这里由于不影响计算结果，暂不记入。

(4—9) —(4—11) 式，则国家 D 生产中间投入品 $z \in (z^*, 1]$ 的要素需求可简化为：

$$L_D(w_D, q_D, r_D) = \int_{z^*}^{1} \theta \left[ \frac{b_L(z)\alpha(z)E}{w_D b_L(z) + q_D b_H(z)} \right] dz \quad (4\text{—}9')$$

$$H_D(w_D, q_D, r_D) = \int_{z^*}^{1} \theta \left[ \frac{b_H(z)\alpha(z)E}{w_D b_L(z) + q_D b_H(z)} \right] dz \quad (4\text{—}10')$$

$$K_D(w_D, q_D, r_D) = \int_{z^*}^{1} (1-\theta) \frac{\alpha(z)E}{r_D} dz \quad (4\text{—}11')$$

假设市场是完全竞争的，则市场的要素需求便等于市场要素供给，则国家 D 生产中间投入品 $z \in (z^*, 1]$ 的劳动力内部要素结构和资本与劳动的要素结构可以分别表示为：

$$\frac{H_D(w_D, q_D, r_D)}{L_D(w_D, q_D, r_D)} = \frac{\int_{z^*}^{1} \theta \left[ \frac{b_H(z)\alpha(z)E}{w_D b_L(z) + q_D b_H(z)} \right] dz}{\int_{z^*}^{1} \theta \left[ \frac{b_L(z)\alpha(z)E}{w_D b_L(z) + q_D b_H(z)} \right] dz} \quad (4\text{—}14)$$

$$\frac{K_D(w_D, q_D, r_D)}{H_D(w_D, q_D, r_D) + L_D(w_D, q_D, r_D)} =$$

$$\frac{\int_{z^*}^{1} (1-\theta) \frac{\alpha(z)E}{r_D} dz}{\int_{z^*}^{1} \theta \left[ \frac{(b_H(z) + b_L(z))\alpha(z)E}{w_D b_L(z) + q_D b_H(z)} \right] dz} \quad (4\text{—}15)$$

通过对 (4—14) 取对数，并对 $z^*$ 求导，可得：

$$\frac{\partial \ln(H_D/L_D)}{\partial z^*} = \frac{\theta \frac{\alpha(z^*) b_L(z^*) E}{w_D b_L(z^*) + q_D b_H(z^*)}}{L_D} -$$

$$\frac{\theta \frac{\alpha(z^*) b_H(z^*) E}{w_D b_L(z^*) + q_D b_H(z^*)}}{H_D} = \frac{L_D(z^*)}{L_D} - \frac{H_D(z^*)}{H_D}$$

$$= \frac{L_D(z^*)}{H_D}(\frac{H_D}{L_D} - \frac{H_D(z^*)}{L_D(z^*)}) \qquad (4—16)$$

由于 $\partial (b_H(z)/b_L(z))/\partial z > 0$，而较发达国家 D 的生产范围为 $z \in (z^*,1]$，从而在临界点高技术劳动与低技术劳动需求之比 $H_D(z^*)/L_D(z^*)$ 要小于平均水平，因此，$(\frac{H_D}{L_D} - \frac{H_D(z^*)}{L_D(z^*)}) > 0$，从而 $\frac{\partial \ln(H_D/L_D)}{\partial z^*} > 0$。

因此，顺梯度对外直接投资范围的增加导致了母国人力资本结构提升。

同理，对（4—15）式取对数，并对 $z^*$ 求导，可得：

$$\frac{\partial \ln(K_D/(H_D+L_D))}{\partial z^*} = \frac{\theta \frac{\alpha(z^*)(b_H(z^*)+b_L(z^*))E}{w_D b_L(z^*)+q_D b_H(z^*)}}{H_D+L_D} -$$

$$\frac{(1-\theta)\frac{\alpha(z^*)E}{r_D}}{K_D} = \frac{H_D(z^*)+L_D(z^*)}{H_D+L_D} - \frac{K_D(z^*)}{K_D}$$

$$= \frac{H_D(z^*)+L_D(z^*)}{K_D}(\frac{K_D}{H_D+L_D} - \frac{K_D(z^*)}{H_D(z^*)+L_D(z^*)})$$

$$(4—17)$$

由于 $\partial ((b_K(z)/(b_H(z)+b_L(z))/\partial z > 0$，则可以得到 $\partial \ln(K_D/(H_D+L_D))/\partial z^* > 0$。因此，对外直接投资也导致了资本深化。实际上，国家 D 在国内生产中间投入品范围为 $z \in (z^*,1]$，而投资于国家 U 中的产品范围为 $z \in [z',z^*]$，其中 $z' > 0$，假设国家 D 向国家 U 投资的这部分行业所有权及资本投入为国家 D，而生产所需的劳动力来自国家 U，假设投资所需的资本为 $K_{UD}(z^*)$，假

设 $\partial K_{UD}(z^*)/\partial z^* > 0$ ①，则同理，可以得到 $\partial((K_{UD}(z^*) + K_D)/(H_D + L_D))/\partial z^* > 0$，从而得出结论：

命题 4.1：较发达国家向较不发达国家顺梯度对外直接投资范围的扩大，可以提升较发达国家产业的人力资本结构，并促进资本深化。

## 三、收入水平的变化

进行顺梯度对外直接投资，国家 D 各类生产要素的收入分别为：

$$E_{DL} = w_D L_D = \int_{z^*}^{1} \theta \left[ \frac{w_D b_L(z) \alpha(z) E}{w_D b_L(z) + q_D b_H(z)} \right] dz \quad (4\text{—}18)$$

$$E_{DH} = q_D H_D = \int_{z^*}^{1} \theta \left[ \frac{q_D b_H(z) \alpha(z) E}{w_D b_L(z) + q_D b_H(z)} \right] dz \quad (4\text{—}19)$$

$$E_{DK} = r_D K_D + r_U K_{UD} = \int_{z^*}^{1} (1-\theta) \alpha(z) E dz$$

$$+ \int_{z'}^{z^*} (1-\theta) \alpha(z) E dz = \int_{z'}^{1} (1-\theta) \alpha(z) E dz \quad (4\text{—}20)$$

可见，当对外直接投资范围扩大时，国家 D 中总体的低技术劳动收入和高技术劳动收入有所下降，② 而资本收入并不因对外投资范围的变化而改变。③

对高技术劳动和低技术劳动收入的相对值而言，可以得到：

---

① 这与上文中 z 按照资本密集度递增的顺序排列相符。
② 虽然母国整体劳动收入下降，但对外直接投资会降低产品的生产成本，进而降低产品的价格水平，实际上母国整体劳动实际收入水平、生活水平会得到改善。
③ 由于这里假定所有对外直接投资的资本收入都汇回国家 D，并且不存在汇率损失。

$$\frac{\partial (E_{DH}/E_{DL})}{\partial z^*} = \frac{E_{DL}(z^*)}{E_{DH}} \left( \frac{E_{DH}}{E_{DL}} - \frac{E_{DH}(z^*)}{E_{DL}(z^*)} \right) \quad (4—21)$$

由于 $E_{DH}(z)/E_{SH}(z) = [q_D b_H(z)]/[w_D b_L(z)]$，同时，对外直接投资范围的扩大会导致国家 D 对高技术劳动的相对需求增大（定理 4.1），进一步促进相对工资水平（$q_D/w_D$）增长。根据假设 $\partial (b_H(z)/b_L(z))/\partial z > 0$ 和 $\dfrac{\partial (q_D/w_D)}{\partial z^*}$，可得 $E_{DH}(z)/E_{SH}(z)$ 关于 z 递增，及技术水平越高的产业，z 的排序越高，高技术劳动收入与低技术劳动收入之比越大。从（4—21）式可得，国家 D 的生产产业范围为 $z \in (z^*, 1]$，从而临界水平 $E_{DH}(z^*)/E_{SH}(z^*)$ 要低于整个国家 D 的水平，以此得到 $\dfrac{\partial (E_{DH}/E_{DL})}{\partial z^*} > 0$。这表明国家 D 对外直接投资使得母国整体劳动收入有所下降，但却提高了高技术劳动的相对工资。

同理，对资本和劳动收入的相对值而言，可以得到：

$$\frac{\partial (E_{DK}/(E_{DL}+E_{DH}))}{\partial z^*} = \frac{E_{DH}(z^*) + E_{DL}(z^*)}{E_{DK}}$$

$$\left( \frac{E_{DK}(z^*)}{E_{DH}(z^*) + E_{DL}(z^*)} - \frac{E_{DK}}{E_{DH} + E_{DL}} \right) \quad (4—22)$$

由于 $E_{DK}(z)/(E_{DL}(z) + E_{DH}(z)) = (r_D K_D + r_U K_{UD})/(w_D b_L(z) + q_D b_H(z))$，其中 $r_D K_D + r_U K_{UD}$ 为一个常数，保持不变，这里假设为 R，$w_D b_L(z) + q_D b_H(z) = \int_{z^*}^{1} \theta \alpha(z) E dz$，说明 $\partial (w_D b_L(z) + q_D b_H(z))/\partial z^* < 0$，根据导数运算可得 $\partial (E_{DK}/(E_{DL} + E_{DH}))/\partial z^* > 0$。即随着对外直接投资范围的扩大，资本收益相对劳动收入处

于上升态势。这是因为随着较发达国家 D 逐渐将本国低端劳动密集型、低技能产业转移到发展中国家 C，这会减少对本国劳动以及低技能劳动工人的需求，从而扩大了资本与劳动的收入差距以及劳动间的收入差距。由此本书得出以下推论：

命题 4.2：较发达国家向较不发达国家的顺梯度对外直接投资范围的扩大，会促进母国高技术工人相对于低技术工人、资本收益相较劳动收入收益扩大。

### 四、产业技术的变化

这里我们放松较发达国家 D 所有生产中间投入品的技术水平达到一个下限 $A_D$ 的假设。由于对外直接投资不仅存在逆向技术溢出，同时存在对东道国的技术外溢效应，即 $\rho(z) > 1$ 的存在会导致国家 D 和国家 U 的 $A_D$ 和 $A_U$ 提高，从而导致国家 D 和国家 U 生产产品 z 时成本降低。如图 4—1，导致 $C_D C_D$ 和 $C_U C_U$ 成本线向下移动，两国成本曲线的交点即为一个边际的对外直接投资范围值，即整个平面的每个比较成本优势曲线与 1 的交点。这意味着对外直接投资为正向技术溢出和逆向技术外溢的函数，考虑对外直接投资范围的扩大（$z^*$ 变大），即在原先的 $z_0^*$ 基础上增加一个 dz 的量，原先的均衡点 $E_0$ 被打破，从而达到一个新的均衡点 $E_1$，等成本线可以表示为：

$$\Gamma(w, q, r; z_0^* + dz) = r(w, q, r; z_1^*)$$

$$= \frac{A_U(\lambda(z_1^*))}{A_D(\tau(z_1^*),\rho(z_1^*))}(\frac{w_D}{w_U} \cdot \frac{1 + \frac{q_D}{w_D}\frac{b_H(z_1^*)}{b_L(z_1^*)}}{1 + \frac{q_U}{w_U}\frac{b_H(z_1^*)}{b_L(z_1^*)}})^\theta (\frac{r_U}{r_D})^{1-\theta} = 1$$

$$(4\text{—}23)$$

由于技术溢出的存在，即 $\partial A_D(\tau,\rho)/\partial \rho > 0$，$\partial A_U(\lambda)/\partial \lambda > 0$，这又进一步导致两国的成本曲线继续下移，达到一个新的均衡 $E_2$，这一均衡点到底是变大还是变小，跟两国的成本曲线下移程度相关。这样循环往复，经过多轮调整，最终达到均衡点 $E_n$，外包临界点则为 $z_n^*$，据此，可以认为若对东道国带来的正向溢出效应所带来成本的下降大于对母国带来的逆向技术溢出效应所带来成本的下降，则对外直接投资范围会进一步扩大；反之，若对东道国带来的正向溢出效应所带来成本的下降小于对母国带来的逆向技术溢出效应所带来成本的下降，则对外直接投资范围会缩小。本书得到以下推论：

命题4.3：对外直接投资范围的扩大所带来的技术溢出效应由正向溢出效应和逆向溢出效应的相对程度来决定。

### 五、贸易结构的变化

对外直接投资范围一旦确定，则较发达国家 D 负责生产 $z \in (z^*,1]$，$z \in [0,z^*)$ 则由较不发达国家 U 生产，从而导致完全的专业化分工。而在现实生活中，两个国家的完全专业化分工几乎不存在，比如欧洲的大部分纺织品从中国进口，但欧洲也从事纺织品生产企业。同时，此处与前面分析不同的是，参考 Dixit 和 Grossman (1982) 的思路，假设所有产业 $z \in [0,1]$ 的生产都是为最终产品 Y 生产而服务，即产业 $z \in [0,1]$ 为中间投入品，且放开完全分工的假设，国家 D 和国家 U 都参与所有 $z \in [0,1]$ 的生产①，最终产品 Y 是通过其他产业中间投入品无成本组装而成，则国家 D 生产产业 Y 的生产函数则可表示为②：

$$\ln Y_D = \int_0^1 \alpha(z) \ln x(z) dz = \int_0^{z^*} \alpha(z) \ln x(z) dz \\ + \int_{z^*}^1 \alpha(z) \ln x(z) dz \quad (4—24)$$

为了考虑贸易结构的变化，同时简化问题的分析，参考郑若谷 (2011) 的做法，将 $0 < z < z^*$ 的中间投入集成一个环节，设为 $x_1$；将 $z^* < z < 1$ 的中间投入集成另一个生产环节，设为 $x_2$。可以看到环节 $x_1$ 为劳动力密集型生产环节，环节 $x_2$ 为资本密集型生产环节。假设组装环节为无成本组装环节，则最终产品 Y 的生产可以表示为：

$$Y_D = x_{D1}^{\alpha} x_{D2}^{1-\alpha} \quad (4—25)$$

其中 $0 < \alpha < 1$，在完全专业化分工的情况下，$x_1$ 则完全由国家 U 进行生产，$x_2$ 完全由国家 D 生产，则在国家 D 中生产 Y，则需要进口 $x_1$。但在不完全专业化分工情况下，较发达国家 D 仍然需要进口一部分 $x_1$，同时出口一部分 $x_2$。假设 $M_1 < 0$ 表示进口的

---

① 完全专业化分工的结果于模型的假设密切相关，但非完全专业化的假设也存在本节前面的核心结论，和郑若谷 (2011) 的分析相同，即非完全化分工的假设不影响本文前面的分析结论。这里为了分析贸易结构的变化，必须收紧这一假设。
② 这里我们只考虑较发达国家 D 进行组装的情形，较不发达国家 U 也有类似的考虑。

数量，$M_2 > 0$ 表示出口的数量，则最终产品 Y 的生产函数可以表示为：

$$Y_D = (x_{D1} - M_1)^\alpha (x_{D2} - M_2)^{1-\alpha} \quad (4\text{—}26)$$

满足约束条件：

$$L_{D1} + L_{D2} = L_D, \quad H_{D1} + H_{D2} = H_D, \quad K_{D1} + K_{D2} = K_D \quad (4\text{—}27)$$

在完全竞争环境下，产品 Y 的单位价格等于单位成本，即有：

$$p = c_1(w, q, r; z), 1 = c_2(w, q, r; z) \quad (4\text{—}28)$$

这里 $c_i(w, q, r; z)$（$i = 1, 2$）是环节 1 和环节 2 的合成价格，设环节 2 的价格作为计价单位，而环节 1 的价格为相对价格。由于组装无成本，则最终产品的价格为 $(1 + p)$。由此计算最终产品 Y 的最优产出水平，它使一国产业增加值达到最大，即：

$$F_D(L_D, H_D, K_D; p) = \max(p + 1)(x_{D1} - M_1)^\alpha$$
$$(x_{D2} - M_2)^{(1-\alpha)} + pM_1 + M_2 \quad (4\text{—}29)$$

这里利用（4.28）对 $M_1$，$M_2$ 求导，并经过变形可得：

$$\frac{\alpha}{1-\alpha} \frac{x_{D2} - M_2}{x_{D1} - M_1} = p \quad (4\text{—}30)$$

同时假设国家间贸易平衡，由：

$$pM_1 + M_2 = 0 \quad (4\text{—}31)$$

由（4.29）和（4.30）可得：

$$M_1 = (1 - \alpha)x_1 - \frac{1}{p}\alpha x_2 ; \quad M_2 = -(1 - \alpha)x_1 p + \alpha x_2$$

$$(4\text{—}32)$$

当国家 D 向国家 U 顺梯度对外直接投资产业转移范围扩大时，即 $z^*$ 扩大时，国家 D 相对国家 U 的各中间投入品价格指数会提高，即 p 减小[①]。而 $\partial M_1/\partial p = (1/p^2)\alpha x_2 > 0$ 且 $\partial M_2/\partial p = -(1-\alpha)x_1 < 0$，进而劳动力密集产品进口减少，资本或技术密集产品出口增加，因此可得：

命题 4.4：对于较发达国家 D 而言，顺梯度对外直接投资产业转移范围的扩大导致劳动力密集产业进口量减少，资本或技术密集产业出口增加。

## ◆ 第二节　逆梯度 ODI 与产业结构升级 ◆

### 一、理论框架与对外直接投资范围的确定

与顺梯度 ODI 的研究类似，假设世界上有两个国家：发达国家 C 和较发达国家 D；其余假设与顺梯度 ODI 的理论研究相同。同样假设中间投入品 z 的生产函数是里昂惕夫和 C-D 复合型的，为：

$$x(z) = A_i \left[ \min\left\{ \frac{L(z)}{b_L(z)}, \frac{H(z)}{b_H(z)} \right\} \right]^\theta \left[ \frac{K(z)}{b_K(z)} \right]^{1-\theta}, \quad i = D, C$$

(4—33)

其中，$0 < \theta < 1$，A 为常数，两国具有希克斯中性技术差异，即 $A_C > A_D$，即发达国家 C 的技术水平高于较发达国家 D。最终产品按照生产技术无成本组装在一起：

$$\ln Y = \int_0^1 \alpha(z) \ln x(z) dz, \quad 其中 \int_0^1 \alpha(z) dz = 1$$

则根据成本最小化原则以及顺梯度 ODI 的分析，我们得知：较

---

[①] 这里笔者参照 Feenstra 和 Hanson（1996）的结论。

发达国家 U 在生产产品 $z \in [0, z^*]$ 上具有总体成本优势，发达国家 C 在生产产品 $z \in (z^*, 1]$ 上具有总体比较优势。当较发达国家技术发展较快，对外投资成本下降，贸易壁垒上升时，对外直接投资范围会进一步扩大。接下来，本节便就这种情况分析较发达国家 D 的产业结构受到的影响。

## 二、要素结构的变化

在确定了逆梯度对外直接投资生产范围后，国家 D 和国家 C 的总生产成本分别为：

$$C_D(w_D, q_D, r_D; z) = \int_0^{z^*} c_D(w_D, q_D, r_D; z) x(z) dz \quad (4\text{—}34)$$

$$C_C(w_C, q_C, r_C; z) = \int_{z^*}^{1} c_C(w_C, q_C, r_C; z) x(z) dz \quad (4\text{—}35)$$

同理，对要素价格求导，根据 Shephard 引理可得生产中间投入品 $z \in [0, z^*)$ 时，国家 D 中各种生产要素的需求：

$$L_D(w, q, r) = \int_0^{z^*} B_D \theta \left[ \frac{r_D b_K(z)}{w_D b_L(z) + q_D b_H(z)} \right]^{1-\theta} b_L(z) x_D(z) dz$$

$$\quad (4\text{—}36)$$

$$H_D(w, q, r) = \int_0^{z^*} B_D \theta \left[ \frac{r_D b_K(z)}{w_D b_L(z) + q_D b_H(z)} \right]^{1-\theta} b_H(z) x_D(z) dz$$

$$\quad (4\text{—}37)$$

$$K_D(w, q, r) = \int_0^{z^*} B_D (1 - \theta) \left[ \frac{w_D b_L(z) + q_D b_H(z)}{r_D b_K(z)} \right]^{\theta}$$

$$b_K(z) x_D(z) dz \quad (4\text{—}38)$$

$$-\frac{L_D(z^*)}{L_D} = \frac{L_D(z^*)}{H_D}\left(\frac{H_D(z^*)}{L_D(z^*)} - \frac{H_D}{L_D}\right) \quad (4\text{—}44)$$

由于 $\partial(b_H(z)/b_L(z))/\partial z > 0$，而较发达国家 D 的生产范围为 $z \in [0, z^*)$，从而在临界点高技术劳动与低技术劳动需求之比 $H_D(z^*)/L_D(z^*)$ 要大于平均水平，因此，$\left(\frac{H_D(z^*)}{L_D(z^*)} - \frac{H_D}{L_D}\right) > 0$，从而 $\frac{\partial \ln(H_D/L_D)}{\partial z^*} > 0$。

因此，逆梯度对外直接投资范围的增加导致了母国人力资本结构提升。

同理，对（4—43）式取对数，并对 $z^*$ 求导，可得：

$$\frac{\partial \ln(K_D/(H_D + L_D))}{\partial z^*} = \frac{(1-\theta)\frac{\alpha(z^*)E}{r_D}}{K_D}$$

$$-\frac{\theta\frac{\alpha(z^*)(b_H(z^*) + b_L(z^*))E}{w_D b_L(z^*) + q_D b_H(z^*)}}{H_D + L_D} = \frac{K_D(z^*)}{K_D} - \frac{H_D(z^*) + L_D(z^*)}{H_D + L_D}$$

$$= \frac{H_D(z^*) + L_D(z^*)}{K_D}\left(\frac{K_D(z^*)}{H_D(z^*) + L_D(z^*)} - \frac{K_D}{H_D + L_D}\right)$$

$$(4\text{—}45)$$

由于 $\partial(b_K(z)/(b_H(z) + b_L(z)))/\partial z > 0$，则可以得到 $\partial \ln(K_D/(H_D + L_D))/\partial z^* > 0$。因此，对外直接投资也导致了资本深化。实际上，国家 D 在国内生产中间投入品范围为 $z \in [0, z^*)$，而投资于国家 C 中的产品范围为 $z \in [z^*, z')$，其中 $z' > z^*$，假设国家 D 向国家 C 投资的这部分行业所有权及资本投入为国家 D，而生产所需的劳动力来自国家 C，假设投资所需的资本为 $K_{CD}(z^*)$，

假设 $\partial K_{CD}(z^*)/\partial z^* > 0$ [1]，则同理，可以得到 $\partial((K_{CD}(z^*) + K_D)/(H_D + L_D))/\partial z^* > 0$，从而得出结论：

命题4.5：较发达国家向发达国家逆梯度对外直接投资范围的扩大，可以提升较发达国家产业的人力资本结构，并促进资本深化。

### 三、收入水平的变化

进行逆梯度对外直接投资，国家 D 各类生产要素的收入分别为：

$$E_{DL} = w_D L_D = \int_0^{z^*} \theta \left[ \frac{w_D b_L(z) \alpha(z) E}{w_D b_L(z) + q_D b_H(z)} \right] dz \quad (4-46)$$

$$E_{DH} = q_D H_D = \int_0^{z^*} \theta \left[ \frac{q_D b_H(z) \alpha(z) E}{w_D b_L(z) + q_D b_H(z)} \right] dz \quad (4-47)$$

$$E_{DK} = r_D K_D + r_C K_{CD} = \int_0^{z^*} (1-\theta) \alpha(z) E dz$$
$$+ \int_{z^*}^{z'} (1-\theta) \alpha(z) E dz = \int_0^{z'} (1-\theta) \alpha(z) E dz \quad (4-48)$$

可见，当对外直接投资范围扩大时，国家 D 中总体的低技术劳动收入和高技术劳动收入有所上升，而资本收入并不因对外投资范围的变化而改变。[2]

对高技术劳动和低技术劳动收入的相对值而言，可以得到：

$$\frac{\partial (E_{DH}/E_{DL})}{\partial z^*} = \frac{E_{DL}(z^*)}{E_{DL}} \left( \frac{E_{DH}(z^*)}{E_{DL}(z^*)} - \frac{E_{DH}}{E_{DL}} \right) \quad (4-49)$$

由于 $E_{DH}(z)/E_{SH}(z) = [q_D b_H(z)]/[w_D b_L(z)]$，同时，对外直

---

[1] 这与上文中 z 按照资本密集度递增的顺序排列相符。
[2] 这里假定所有对外直接投资的资本收入都汇回国家 D，并且不存在汇率损失。

接投资范围的扩大会导致国家 D 对高技术劳动的相对需求增大（定理4.5），进一步促进相对工资水平（$q_D/w_D$）增长。根据假设 $\partial(b_H(z)/b_L(z))/\partial z > 0$ 和 $\dfrac{\partial(q_D/w_D)}{\partial z^*}$，可得 $E_{DH}(z)/E_{SH}(z)$ 关于 z 递增，以及技术水平越高的产业，z 的排序越高，高技术劳动收入与低技术劳动收入之比越大。从（4—49）式可得，国家 D 的生产中间投入品范围为 $z \in [0, z^*)$，从而临界水平 $E_{DH}(z^*)/E_{SH}(z^*)$ 要高于整个国家 D 的水平，以此得到 $\dfrac{\partial(E_{DH}/E_{DL})}{\partial z^*} > 0$。这表明国家 D 逆梯度对外直接投资使得母国整体劳动收入有所上升，同时显著提高了高技术劳动的相对工资。

同理，对资本和劳动收入的相对值而言，可以得到：

$$\frac{\partial(E_{DK}/(E_{DL}+E_{DH}))}{\partial z^*} = \frac{E_{DH}(z^*)+E_{DL}(z^*)}{E_{DK}}$$

$$\left(\frac{E_{DK}}{E_{DH}+E_{DL}} - \frac{E_{DK}(z^*)}{E_{DH}(z^*)+E_{DL}(z^*)}\right) \quad (4\text{—}50)$$

由于 $E_{DK}(z)/(E_{DL}(z)+E_{DH}(z)) = (r_D K_D + r_U K_{UD})/(w_D b_L(z) + q_D b_H(z))$，其中 $r_D K_D + r_C K_{CD}$ 为一个常数，保持不变，这里假设为 R，$w_D b_L(z) + q_D b_H(z) = \int_0^{z^*} \theta \alpha(z) E dz$，说明 $\partial(w_D b_L(z) + q_D b_H(z))/\partial z^* > 0$，根据导数运算可得 $\partial(E_{DK}/(E_{DL}+E_{DH}))/\partial z^* > 0$。即随着对外直接投资范围的扩大，资本收益相对劳动收入处于上升态势。这是由于逆梯度对外直接投资到发达国家，一方面需要大量的资本进发达国家市场，进而增加对资本的需求，另一方面由于发达国家企业技术水平较高，相应地需要高技术劳动从事业务，同时逆

向的技术外溢也会促使母国对高技术劳动的需求增加,进而得出本书以下推论:

命题4.6:较发达国家向发达国家的逆梯度对外直接投资范围的扩大,会促进母国高技术工人相对于低技术工人、资本收益相较劳动收入收益扩大。

### 四、产业技术的变化

同顺梯度 ODI 的研究类似,这里我们放松较发达国家所有生产中间投入品的技术水平达到一个上限 $\overline{A_D}$ 的假设。由于 $\rho(z) > 1$ 的存在会导致国家 D 和国家 C 的 $A_D$ 和 $A_C$ 提高,从而打破原来的均衡点,到达一个新的均衡。由于技术溢出的存在,即 $\partial A_D(\tau,\rho)/\partial \rho > 0$,$\partial A_C(\lambda)/\partial \lambda > 0$,这又进一步导致两国的成本曲线继续下移,达到一个新的均衡,这一均衡点到底是变大还是变小,跟两国的成本曲线下移程度相关。这样循环往复,经过多轮调整,最终达到均衡点 $E_n$,外包临界点则为 $z_n^*$。与顺梯度 ODI 不同的是,逆梯度 ODI 更多的是寻求逆向技术外溢,而对东道国的技术外溢往往不明显,甚至于东道国通过各项壁垒政策来阻碍逆梯度 ODI 的进入。据此,我们分析,逆梯度 ODI 的逆向技术溢出效应远大于其对东道国的技术溢出效应,据此,得到如下推论:

命题4.7:由于对外直接投资对东道国存在正向溢出效应,对母国存在逆向溢出效应,则对外直接投资范围的扩大所带来的效应由正向溢出效应和逆向溢出效应的相对程度来决定。

## 第三节 本章小结

本书首先借鉴 Dixit 和 Grossman（1982）将中间品生产函数引入到最终产品的生产上来的研究思路，利用 Feenstra 和 Hanson（1996、2001）、Kohler（2004）的理论模型以及郑若谷（2011）的研究框架，在一个框架体系内分别对顺梯度 ODI 与逆梯度 ODI 的产业结构升级效应进行研究。通过分析表明，发展中国家顺梯度 ODI 和逆梯度 ODI 范围的扩大均优化了母国的人力资本结构，并促进了资本深化，同时会促进资本收益以及高技术劳动收益相对于低技术劳动收益的提升，同时，顺梯度 ODI 在特定条件下（对东道国带来的正向溢出效应所带来成本的下降大于对母国带来的逆向技术溢出效应所带来成本的下降）会带来一个 ODI——技术溢出——ODI 范围扩大的良性循环，从而促进产业技术的升级。此外，ODI 范围的扩张还会存在促进贸易结构优化的效应。因此，无论是顺梯度 ODI，还是逆梯度 ODI 均从供给、需求、技术以及国际贸易四个方面都对产业升级产生了影响。

不可否认，我们的结论与模型的假设和结构是密切相关的。在分析 ODI 影响产业结构升级的模型中，将各类中间投入品以要素密集度进行排序，这种排序实际上与价值链的提升是正相关的，因此 ODI 范围的扩大本身就意味着产业结构的提升，这一点无疑是模型的一个缺陷。同时，模型假定国家之间的完全专业化，这一点与现实相去甚远。

这些模型假设与结构的不合理之处都是以后需要改进的地方，但是不可否认的是，模型也清晰解决了顺梯度 ODI 和逆梯度 ODI 对产业结构如何影响以及通过何种途径进行影响的问题，同时也表明了 ODI 对产业结构影响的复杂性，这一点正是本章最具意义的部分。

## 第五章　中国对外直接投资的产业内结构效应——基于微观视角

通过第四章的理论分析，我们从理论上证明了中国对外直接投资对母国的产业结构调整具有重要的影响。那么作为产业结构升级的微观表现，在微观企业经济中，对外直接投资对产业内结构变化的影响到底如何，本章以中国制造业企业数据为研究对象，实证检验中国对外直接投资对产业内结构变迁的影响作用。

### ◆ 第一节　中国ODI对产业内结构的影响：要素收入分配 ◆

本节我们首先从要素收入份额的角度来对ODI的产业内结构效应进行分析。众所周知，中国劳动收入份额持续下降已成为改革开放以来不争事实，引起了学者普遍关注。据章上峰、陆雪琴（2016）测算，在1990—2011年期间，中国劳动收入份额下降幅度高达18%。这种劳动收入份额下降不仅压抑居民收入与消费增长，同时还可能导致"马太效应",扩大贫富差距,对经济社会的稳定发展造成严重威胁。与此同时,随着"一带一路"倡议、"走出去"战略的积极推进,中国企业对外直接投资逐渐成为企业积极参与国际分工的重要方式,这种经营活动的跨国际流动势必会引发母国生产要素的流动及其价格的波动,进而引发劳动收入份额变动。那么,探究中国对外直接投资如何影响母国劳动收入份额,思考如何更好利用对外直接投资来促进中国劳动收入份额提升,尤显必要。

关于劳动收入份额的变动,相当数量的文献对此做出了分析,归类来看,他们主要从技术偏向性、经济结构变动、金融约束等方面进行了探究。技术偏向性方面,麻省理工经济学教授、美国国家科学院院士(Acemoglu,2002)通过构建技术内生模型探究资本增强型技术进步对劳动收入份额的影响。Siegenthaler 和 Stucki(2014)通过利用欧洲面板数据发现其劳动收入份额下降的原因在于其企业使用通讯技术的工人比例上升。陈宇峰等(2013)通过构建综合技术偏向、劳动力过剩供给等因素的生产决策模型,得出技术的高资本偏向性导致劳动收入份额长期处于低位运行。丁从明等(2016)利用中国 1993—2012 年省级面板数据分析,得到中国劳动收入份额变动是由技术进步表现出资本利用型技术进步的特征决定的。经济结构方面,Boldrin 和 Ruiz(2006)认为经济结构的转换是影响劳动收入份额的主要原因。李稻葵等(2009)提出由于二元经济转型过程中的摩擦,工资因素中国劳动收入份额存在 U 型规律。马草原、王美花(2015)指出中国劳动收入份额变动可能仅是一种短期的"逆周期现象",这种变动多受短期经济波动的影响。白重恩、钱震杰(2009)系统地从产业结构层面分析中国劳动收入份额变动原因,指出产业结构调整的贡献率高达 61.3%。罗长远、张军（2009）也得到类似结论，他们指出产业间效应的解释力为 64%。金融约束方面，Hein（2011）利用凯恩斯增长模型分析发现长期利率水平的变动会引起资本和劳动报酬的重新分配，利率水平与劳动收入份额呈反向关系。Matthieu（2011）通过利用 69 个国家的宏观面板数据发现，经济金融化是导致劳动收入份额下降的主要原因。汪伟等（2013）基于企业异质性及其面临的金融环境差异构建包含国有和民营的一般均衡模型，发现中国劳动收入份额变动是由民营企业面临的借贷约束和投资扭曲导致的。张建武等（2014）指出金融抑制所带来的利率压制形同于对资本密集型技术的隐形补贴，进而对劳动收入份额形成压制。林志帆、赵秋运（2015）利用微观数据证实金融约束使得大量私有企业陷入融资困境，从而挤占劳动报酬以增加资本积累致使劳动收入份额下降。张彤进、任碧云（2016）则从金融约束的反面进行论证，证实包容性金融发展对中国劳动收入份额具有正向促进作用。此外，还有学者从国际贸易（戴小勇和成力为，2014）、外商直接投资（王雄元和黄玉菁，2017）、政治关联（魏下海，2013）、企业风险（贾珅和申广军，2016）等角度对中国劳动收入份额变动展开讨论。

上述研究均为理解中国劳动收入份额变动的深层机制提供了有价值的参考。然而，现有文献中，鲜有学者将对外直接投资的经济效应与劳动收入份额的变化原因联系起来。但在中国当前全面实施"走出去"战略和"一带一路"倡议背景下，由对外直接投资带来的"俘获效应""资源补缺效应""学习效应"及"逆向技术溢出效应"等均会促使要素供给和价格发生改变，进而作用于劳动收入份额。因此，有关劳动收入份额的经济问题分析不应忽视对外直接投资这一重要因素。另一方面，考虑要素收入分配虽为传统的宏观经济问题，但加总数据可能存在收入核算资料繁杂及统计口径多变等问题，导致实证结果有偏。同时，对外直接投资决策多来自于企业层面，因而利用工业部门的微观企业数据可能很大程度避免了这些问题，贾珅和申广军（2016）提供了利用企业数据计算劳动收入份额的范例。再者，作为后发国家，中国企业对外直接投资具有鲜明的投资动机，异质性投资动机所带来的劳动收入份额变动可能有所区别。

鉴于此，本节具体将从以下几个层面来验证中国 2005—2007 年间制造业企业对外直接投资对要素收入分配的影响。首先，根据第四章的理论推导可知，无论是顺梯度 ODI 还是逆梯度 ODI 都会促进资本收益相对于劳动收益更快的增长，因此我们从总体上、投资动机上、投资东道国上分别检验了 ODI 对母国企业的劳动收入份额的影响；其次，理论证明 ODI 会促使母国企业提高高技术劳动收益相较于低技术劳动收益，因此，笔者参考国外文献的做法，将劳动分为高技术劳动和低技术劳动两个部分，分别对 ODI 对高低技术劳动力所产生的不同影响进一步进行检验。

一、机制分析

作为后发国家，中国企业 ODI 有鲜明的投资动机，据商务部统计，现阶段主要包括商贸服务类 ODI、生产综合类 ODI、资源寻求类 ODI 和技术寻求类 ODI。基于此，下面依据中国企业海外投资特征，分析不同动机 ODI 对劳动收入份额的作用机理。

关于商贸服务类 ODI。这类 ODI 主要从事拓展市场、售后业务等服务，以拓展母国的出口业务为主要动机。相较于其他动机的海外投资企业，这类企业多处于劳动密集型生产为主和生产率较低的发展阶段，因此这类 ODI 企业面对海外市场强大的议价能力和竞争压力会遭受"俘获"效应，即会面临出口扩张导致要素价格上涨但产品价格无法提升的困境（张杰等，2012）。在中国劳动力供给充裕、资本相对稀缺的背景下，这类企业倾向于将"俘获"效应传递给企业中的劳动者，进而对其劳动收入份额造成负面影响。于是，可以看到商贸服务类 ODI 对劳动收入份额的传到机制为：低端生产方式—商贸服务类 ODI—出口扩张—产品价格提升困境—劳动收入份额相对资本收入份额下降。综上，商贸服务类 ODI 与母国劳动收入份额负相关。

关于生产综合类 ODI。这类 ODI 在海外市场主要从事集生产、销售于一身的综合业务。因此，这类 ODI 影响母国劳动收入份额取决于东道国劳动要素市场竞争程度。如果东道国劳动要素市场处于供过于求，则这类海外投资企业可以通过大量雇佣外籍员工来降低生产成本，提升国际竞争力，同时导致母国员工的谈判能力被大大削弱，使原有劳动要素分配权的相对地位下降，进而压制母国劳动收入份额（魏下海，2013）。然而，若东道国劳动市场供不应求，这类海外投资企业则更倾向于提高劳动报酬来雇佣国内劳动力海外务工，以减少沟通成本和培养成本，进一步通过传递效应提高母国企业员工报酬，从而提升母国劳动收入份额。综上，生产综合类 ODI 对母国劳动收入份额的作用需进一步验证。

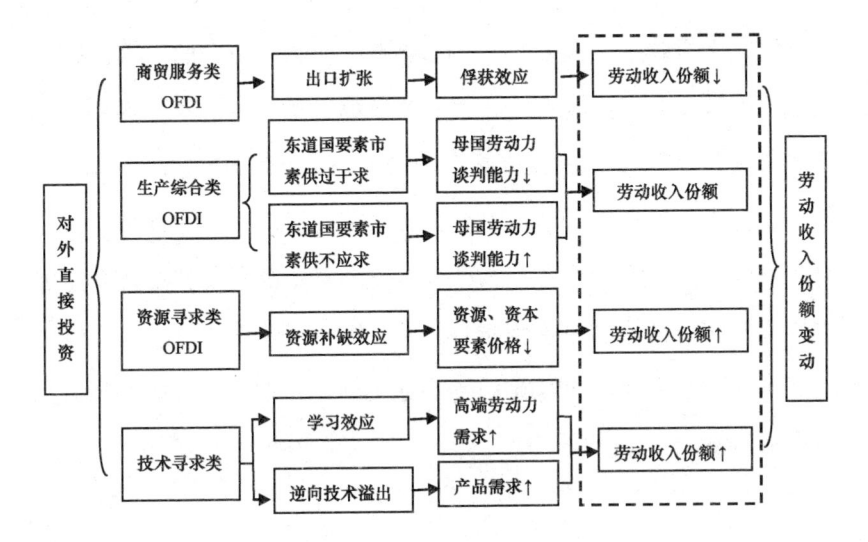

**图 5—1　异质性投资动机 ODI 对劳动收入份额的作用机理**

资料来源：作者自制。

关于资源寻求类 ODI。这类投资以获取东道国资源为目的。一方面，这类投资通过资源补缺效应缓解母国要素市场资源稀缺态势，在资源要素存量相对劳动要素存量提升的背景下，资源要素价格相对劳动力要素价格将有所下降，劳动收入份额得以提升。另一方面，这类投资企业多为国有垄断企业，面临的融资约束较低，如低利率的融资渠道、软预算约束等，加之其执行者更多考虑人文关怀、关系等因素，产生了在规则和条件下，提升劳动收入份额以达成劳动者、执行者和政府共赢的格局（伍山林，2011）。因此，这类企业在技术选择上更易呈现出"劳动偏向"的资源禀赋趋势。综上，可以认为资源寻求类 ODI 会促进母国劳动劳动收入份额的提升。

关于技术寻求类 ODI。这类投资本质上是对国外关键无形资产（R&D 技术、品牌）的投资，且多投向于发达国家。因此这类 ODI

企业的"学习效应"能够提升母国企业对高端劳动力的需求，同时提高薪酬以吸引高端人才，进而提高母国劳动收入份额。再者，由于"自选择效应"，具有这类投资动机的企业生产率普遍高于其他投资动机企业，获取的"逆向技术溢出效应"能进一步提升母国企业的产品竞争力，促进产出需求的同时较难遭受像商贸类投资企业那样的"俘获"效应，进而促进就业和劳动收入份额提升（李磊等，2016）。综上，技术寻求类ODI会促进母国劳动收入份额的提升。具体机制如图5—1所示。

### 二、模型设定

与蒋冠宏等（2013、2014）、毛其淋等（2014）研究ODI企业的"生产率效应"和"企业出口"的研究方法类似，本节同样采取DID的方法检验企业进行ODI的"收入分配效应"。首先要选择适当的对照组企业。根据Melitz et al.（2003、2004）、田巍等（2012）的论证，企业决定进行ODI时具有"自选择"效应，即效率较高的企业才会选择对外直接投资，效率略低的企业则倾向于选择国际贸易。而生产率、资本回报率和增长率之间具有良性的互动作用（陈培钦，2013）。所以，直接将ODI企业与非ODI企业进行比较，所得到的结果无法区分ODI企业的资本回报、高技术劳动回报的相对提升是缘于投资前的"自选择效应"还是投资后的"收入分配效应"。因此，我们基于现有文献所采用的数据匹配法（Bellone et al.，2010；蒋冠宏，2013、2014；葛顺奇，2013）来匹配出与进行ODI企业最为相似的企业作为对照组，进而对两组企业进行比较。具体而言，本节采用马氏距离匹配法（Mahalanobis Matching）根据企业选择进行 ODI 的影响因素（生产率、资本密度、企业规模和行业等）来匹配出与 ODI 企业最为接近的未进行 ODI 企业。

因此，我们定义实验组为 ODI 企业，对照组则为非 ODI 企业。为简单起见，构造一个虚拟变量 $du_i = \{0, 1\}$，当企业 $i$ 对外直接投资时，$du_i = 1$，否则取 0；另外还构造虚拟变量 $dt = \{0, 1\}$，其中 $dt = 0$ 表示企业开始对外直接投资前，$dt = 1$ 则表示企业对外直接投资后。$R$ 表示劳动收入份额，$W$ 表示高技术劳动收入与低技术劳动收入之比，则 $R_{it}$ 和 $W_{it}$ 为我们关注的结果变量。进一步，令 $\Delta R_{it}$ 和 $\Delta W_{it}$ 分别表示企业 $i$ 在 $dt = 0$ 和 $dt = 1$ 两个时期企业的劳动收入份额的变化量和高技术劳动收入与低技术劳动收入之比的变化量。我们将对外直接投资企业在两个时期的劳动收入份额、高技术劳动收入与低技术劳动收入之比分别表示为 $\Delta R_{it}^1$ 和 $\Delta W_{it}^1$，而非对外直接投资企业在两个时期的劳动收入份额、高技术劳动收入与低技术劳动收入之比分别表示 $\Delta R_{it}^0$ 和 $\Delta W_{it}^0$。据此，对外直接投资对要素收入分配的实际影响 $\lambda_{Ri}$ 和 $\lambda_{Wi}$ 可用下式表示：

$$\lambda_{Ri} = E(\lambda_{Ri} \mid du_i = 1) = E(\Delta R_{it}^1 \mid du_i = 1)$$
$$- E(\Delta R_{it}^0 \mid du_i = 1)$$
$$\lambda_{Wi} = E(\lambda_{Wi} \mid du_i = 1) = E(\Delta W_{it}^1 \mid du_i = 1)$$
$$- E(\Delta W_{it}^0 \mid du_i = 1) \qquad (5—1)$$

在（5—1）式中，$E(\Delta R_{it}^0 \mid du_i = 1)$ 和 $E(\Delta W_{it}^0 \mid du_i = 1)$ 表示对外直接投资企业在不进行 ODI 时候的劳动收入份额、高技术劳动收入与低技术劳动收入之比的变化量，显然这是一种"反事实"，我们无法通过真实的情况来观测到。为了估计出上式的参数，我们采用当下研究中（Grima et al.，2004；Hijzen et al.，2007）所常用的方法，选择用反事实（Counterfactual）的方法来实现对上式的估计。通过企业是否进行 ODI 这一"拟自然实验"，比较实验组（事实）和对照组（反事实）之间的劳动收入份额、高技术劳动收入与低技术劳动收入之比的变化量，就可能说明企业的 ODI 显著影响了其收入分配。接下来，我们通过构建一个对照组，进而使对照组中的企业能够尽可能的代表实验组企业，从而可以将 $E(\Delta R_{it}^0 \mid du_i = 1)$ 和 $E(\Delta W_{it}^0 \mid du_i = 1)$ 转化为 $E(\Delta R_{it}^0 \mid du_i = 0)$ 和 $E(\Delta W_{it}^0 \mid du_i = 0)$，进而（5—1）式就可以成功估计。本节我们具体采用马氏距离匹配法进行匹配和估计。

根据研究需要，将匹配出来的非对外直接投资企业作为对照组，检验进行 ODI 之后的实验组企业和对照组企业之间的收入分配差异。具体检验模型如下式：

$$R_{it} = \alpha_0 + \alpha_1 du + \alpha_2 dt + \delta du \times dt + \varepsilon_{it}$$
$$W_{it} = \beta_0 + \beta_1 du + \beta_2 dt + \eta du \times dt + \xi_{it} \quad (5—2)$$

（5—2）式中 $du$ 和 $dt$ 的含义与前面一致，$i$ 和 $t$ 分别代表企业和时间；$\varepsilon_{it}$ 和 $\xi_{it}$ 代表模型的误差项，且 $E(\varepsilon_{it}) = 0$，$E(\xi_{it}) = 0$。（5—2）式中实验组企业对外直接投资前的劳动收入份额、高技术劳动收入与低技术劳动收入之比分别为 $\alpha_0 + \alpha_1$ 和 $\beta_0 + \beta_1$，对外直接投资后的劳动收入份额、高技术劳动收入与低技术劳动收入之比分别为 $\alpha_0 + \alpha_1 + \alpha_2 + \delta$ 和 $\beta_0 + \beta_1 + \beta_2 + \eta$，因此实验组企业的前后变化分别为 $E(\Delta R_{it}^1) = \alpha_2 + \delta$ 和 $E(\Delta W_{it}^1) = \beta_2 + \eta$。相应的对照组对外直接投资

前的劳动收入份额、高技术劳动收入与低技术劳动收入之比分别为 $\alpha_0$ 和 $\beta_0$，对外直接投资之后的则为 $\alpha_0 + \alpha_2$ 和 $\beta_0 + \beta_2$，因此对照组企业的劳动收入份额、高技术劳动收入与低技术劳动收入之比的变化分别为 $E(\Delta R_{it}^0 \mid du_i = 0) = \alpha_2$ 和 $E(\Delta W_{it}^0 \mid du_i = 0) = \beta_2$，则（5—1）式就可以转化为下式：

$$\lambda_{Ri} = E(\lambda_{Ri} \mid du_i = 1) = E(\Delta R_{it}^1 \mid du_i = 1)$$
$$- E(\Delta R_{it}^0 \mid du_i = 0) = \alpha_2 + \delta - \alpha_2 = \delta$$
$$\lambda_{Wi} = E(\lambda_{Wi} \mid du_i = 1) = E(\Delta W_{it}^1 \mid du_i = 1)$$
$$- E(\Delta W_{it}^0 \mid du_i = 0) = \beta_2 + \eta - \beta_2 = \eta \quad (5—3)$$

则由（5—3）式可以知道，检验（5—2）中的交叉乘积项（$du \times dt$）的系数 $\delta$ 和 $\eta$ 为企业对外直接投资后所产生的"收入分配效应"，即对劳动收入份额、高技术劳动收入与低技术劳动收入之比产生的影响。如果 $\delta > 0$，则表示企业对外直接投资显著促进了劳动收入份额的提升，如果 $\eta > 0$，则表示企业对外直接投资显著促进了高技术劳动收入相对于低技术劳动收入的提升，反之则反。

最后需要指出的是，（5—2）式中的估计结果可能会受遗漏变量的干扰。基于此，我们参照蒋冠宏等（2014）、毛其淋等（2014）、葛顺奇等（2013）的研究，在（5—2）式中添加了其他控制变量集合 $X_{ijk}$，具体包括劳动生产率、全要素生产率、资本密集度、企业规模、外资企业哑变量、企业是否出口。此外，我们还控制了非观测的行业特征 $v_j$ 和地区特征 $v_k$，因此，（5—2）式可以重新设定为：

$$R_{it} = \alpha_0 + \alpha_1 du + \alpha_2 dt + \delta du \times dt + \varphi X_{ijk} + v_k + v_j + \varepsilon_{it}$$

$$W_{it} = \beta_0 + \beta_1 du + \beta_2 dt + \eta du \times dt + \varphi X_{ijk} + v_k + v_j + \xi_{it}$$

(5—4)

### 三、变量设定

在实证分析中涉及一些基本变量以及收入分配等变量,这些变量有一些需要在原始数据的基础上进行调整或者构造,因此我们以下一一进行说明:

#### (一) 被解释变量设定

1. 劳动收入份额 R

劳动收入 w:我们以应付工资总额与应发福利之和来作为企业 i 的总劳动收入。数据来源于《中国工业企业数据库》。

劳动收入份额 R:我们采用劳动收入(w)与工业增加值之比(addedvalue)并取对数来表示。数据来源于《中国工业企业数据库》。

2. 高技术劳动收入与低技术劳动收入之差 W

由于《中国工业企业数据库》除了 2004 年之外其余年份均没有提供高技术工人与低技术工人的相关信息,因此本节主要借鉴 Chen at al. (2013)、毛其淋等 (2014) 的方法来测算企业内高低技术人员之间的工资差距。

Chen at al. (2013) 和毛其淋等 (2014) 的测算方法如下:

用 $w_{ijt}^H$ 表示 j 行业中 i 企业在 t 时间内的高技术劳动收入,用 $w_{ijt}^L$

表示 j 行业中 i 企业在 t 时间内的低技术劳动收入,据此,j 行业中 i 企业中高技术工人工资可以分解为两个部分:一部分为行业 j 的高技术工人平均工资水平 $\overline{w_{jt}^H}$,行业 j 中所有企业均相同;另一部分为行业平均高技术工资的偏差 $\xi_{ijt}$,如果 $\xi_{ijt} > 0$,则表示 i 企业支付高技术工人工资高于行业内高技术工人工资平均水平,如果 $\xi_{ijt} < 0$,则表示 i 企业支付高技术工人工资低于行业内高技术工人工资平均水平。类似的,我们同样将企业 i 的低技术工人工资分解为两个部分:一部分为行业 j 的低技术工人平均工资水平 $\overline{w_{jt}^L}$,行业 j 中所有企业均相同;另一部分为行业平均低技术工资的偏差 $\psi_{ijt}$,如果 $\psi_{ijt} > 0$,则表示 i 企业支付低技术工人工资高于行业内低技术工人工资平均水平,如果 $\psi_{ijt} < 0$,则表示 i 企业支付低技术工人工资低于行业内低技术工人工资平均水平。则对企业 i 来说,高技术工人工资与低技术工人工资之差可以表示为:

$$W = w_{ijt}^H - w_{ijt}^L = (\overline{w_{jt}^H} - \overline{w_{jt}^L}) + (\xi_{ijt} - \psi_{ijt}) \quad (5—5)$$

(5—5)式中第一项代表行业 j 内高技术工人与低技术工人之间平均工资差距,即 $\delta_{jt} = \overline{w_{jt}^H} - \overline{w_{jt}^L}$。第二项则为企业 i 内高技术工人工资偏离项与低技术工人工资偏离项之差。根据 Chen at al.(2013),两类工人工资差异可以表示为利润的函数,这是由于高技术工人通常比低技术工人具有更强的讨价还价的能力,企业利润越好,高技术工人获得的报酬相对越多(Menezes-Filho et al,2008)。因此,我们可以将高低技术工人工资偏离项之差通过如下方程式得到:

$$\xi_{jit} - \psi_{jit} = \theta_{jt} profit_{ijt} \quad (5—6)$$

其中 $profit_{ijt}$ 为行业 j 中企业 i 在 t 时期内的利润率,参数 $\theta_{jt}$ 对于

同一行业 j 中不同企业之间是相同的。则（5—5）式可以进一步改写为：

$$W_{ijt} = \delta_{jt} + \theta_{jt} profit_{ijt} \quad (5—7)$$

则从（5—7）式可以看出，要计算 $W_{ijt}$，则需要估算出参数 $\hat{\delta}_{jt}$ 和 $\hat{\theta}_{jt}$。本节采用 $s_{ijt}$ 来表示行业 j 中企业 i 的高技术工人所占比例，那么 $(1 - s_{ijt})$ 即为低技术工人所占比例，具体参照唐东波（2012）的做法，定义企业内学历水平在大专以上的员工为高技术拉动，则学历在大专以上的劳动力占企业总就业人数的比例则为 $s_{ijt}$[①]。我们可以将企业平均工资表示为：

$$\overline{w_{ijt}} = s_{ijt} \cdot w_{ijt}^H + (1 - s_{ijt}) w_{ijt}^L \quad (5—8)$$

将 $w_{ijt}^H = \overline{w_{jt}^H} + \xi_{ijt}$ 和 $w_{ijt}^L = \overline{w_{jt}^L} + \psi_{ijt}$ 带入（5—8）式，则可整理为：

$$\overline{w_{ijt}} = s_{ijt} \cdot \overline{w_{jt}^H} + s_{ijt} \xi_{ijt} + (1 - s_{ijt}) \overline{w_{jt}^L}$$
$$+ (1 - s_{ijt}) \psi_{ijt} \quad (5—9)$$

根据 $\delta_{jt} = \overline{w_{jt}^H} - \overline{w_{jt}^L}$ 和 $\xi_{jit} - \psi_{jit} = \theta_{jt} profit_{ijt}$，（5—9）式可重新整理为：

$$\overline{w_{ijt}} = s_{ijt} \delta_{jt} + s_{ijt} \cdot \theta_{jt} profit_{ijt} + \overline{w_{jt}^L} + \psi_{ijt} \quad (5—10)$$

这里参照毛其淋等（2014）的做法，将 $\overline{w_{jt}^L}$ 假设为常数项。我们通过对（5—10）的估计可以得到参数 $\hat{\delta}_{jt}$ 和 $\hat{\theta}_{jt}$，将其带入（5—5）式即可得到企业内高低技术工人工资差距：

$$W_{ijt} = \hat{\delta}_{jt} + \hat{\theta}_{jt} profit_{ijt} \quad (5—11)$$

---

[①] 由于工业企业数据库中只有 2004 年有企业员工学历和技能的数据，因此我们这里仅采用 2004 年的数据估算参数 $\hat{\delta}_{jt}$ 和 $\hat{\theta}_{jt}$。而忽略了在 2005 年之后，企业中高技能工人占总就业人数的变化，这是本节的不足之处。

## (二) 其他变量设定

全要素生产率 (tfp): 我们采用 Levinsohn 和 Petrin (2003) 的方法,如下式:

$$va_{it} = \beta L_{it} + \varphi(K_{it}, m_t) + \xi_{it} \qquad (5\text{—}12)$$

其中 $va$ 代表企业工业增加值,L 和 K 分别表示企业的劳动和资本,m 为中间投入,$\varphi(K_{it}, m_t)$ 是一个资本存量和中间投入的函数。我们根据 (5—12) 式进而估计出劳动和资本投入的系数①,进而得出 tfp 的估计模型,如 (5—13) 式所示:

$$\widehat{tfp}_{it} = va_{it} - \hat{\beta}L_{it} - \hat{\theta}K_{it} \qquad (5\text{—}13)$$

在实际计算中,企业工业增加值、资本投入和中间投入分别用了价格指数和固定资产价格指数进行了平减,劳动投入 L 则用企业年均从业人数表示。

资本密集度 (kshare): 用单位劳动的固定资本存量并取对数来表示。这里使用的固定资产使用以 2000 年为基期的固定资产投资价格指数进行平减处理。

企业规模 (scale): 对企业的销售额取对数来表示企业规模。这里对企业销售额数据以 2000 年为基期的工业品出厂价格指数进行了平减。

企业出口 (dummy-export): 如果企业有出口则取值为 1,否则为 0。

---

① 这里我们采用鲁晓东等 (2012) 对中国工业企业全要素生产率的 OP 法估计值,$\beta = 0.4$,$\theta = 0.35$。

外商直接投资（dummy-fdi）：如果企业的实收资本中有港澳台资本或外商资本则取值为1，如果没有则取值为0。

国有企业（dummy_con）：如果企业的实收资本中含有国家资本则取值为1，如果没有则取值为0。

上述数据均来自《中国工业企业数据库》。

### 四、数据说明

本节研究使用的样本数据是由《境外投资企业（机构）名录》（以下简称《名录》）和《中国工业企业数据库》合并而成。其中《境外投资企业（机构）名录》是由商务部统计而得的。《名录》中提供的信息包含有"证书号"、"境内投资主体"名称、"境外投资企业（机构）"名称、"对外直接投资国家或地区"、"核准日期"、"经营范围"、"境内投资主体所在省市"等。因此，根据《名录》中提供的信息，我们可以对企业是否进行对外直接投资加以区分。为了验证《名录》数据的准确性，葛顺奇（2013）将其与商务部发布的《中国对外直接投资统计公报》（以下简称《公报》）两者进行核对，得出随着时间的推移，《名录》和《公报》中的数据差异逐渐缩小。

本章重点研究制造业内对外直接投资对产业内结构调整的影响，因此我们剔除了《中国工业企业数据库》中非制造业的企业数据。同时为保证数据的一致性，我们参照谢千里等（2008）、余淼杰等（2011）、蒋冠宏等（2014）等的研究，对合并后的数据库中异常值进行剔除：第一，剔除了缺失重要财务指标（如企业总产值、固定资产净值、销售额和工业总产值）的样本；第二，剔除了企业中的就业人数小于 10 人的企业；同时剔除了企业成立时间不明确、行业属性遗漏的企业数据。最后，根据商务部数据和工业企业数据库的匹配，获得对外直接投资企业 909 家，①同时由于匹配实验的目的是找出可以跟实验组企业没有对外直接投资时候最具有可比性的企业，因此我们需要剔除对外直接投资前一期没有数据的企业，最终获得实验组企业 625 家。②

本节进行实证检验的数据库正是基于将《名录》和《中国工业企业数据库》进行横向合并后得到的。由于中国企业的大规模对外直接投资主要从 2005 年开始，同年突破了 100 亿美元，2006 年突破 200 亿美元，2005 年后的对外直接投资流量年均达到 445 亿美元。为了更加准确地揭示企业 ODI 与收入分配之间的关系，本节最终选择的数据范围为 2005—2007 年。

我们本节研究的话题是，进行 ODI 的企业与非 ODI 企业相比，二者要素收入分配方面究竟有何差异？顺梯度 ODI 和逆梯度 ODI 与未进行 ODI 的企业相比又是如何呢？不同投资目的的 ODI 企业是否存在差异？下面我们在上文数据处理的基础上，分别对 ODI 企业与非 ODI 企业、顺梯度 ODI 和逆梯度 ODI 企业、不同投资目的 ODI 企业的收入分配差异进行实证检验。

---

① 这里统计的数据只选择了第一次对外直接投资的企业，原因是：第一，有利于清晰的展现对外直接投资企业与非对外直接投资企业的决策差异对收入分配的影响；第二，能够剔除上次对外直接投资对二次对外直接投资的影响。

② 备选对照组即没有进行数据匹配前的对照组企业。同时需要指出的是，本章的研究只针对制造业内部，因此剔除掉了非制造业的工业企业。

表 5—1　2005 年的匹配实验

| | 匹配实验前 实验组 | 匹配实验前 对照组 | T 值 | 匹配实验后 实验组 | 匹配实验后 对照组 | T 值 | 实验组 | 对照组 | 匹配结果 |
|---|---|---|---|---|---|---|---|---|---|
| lkshare | 3.652 | 3.155 | -5.758*** | 3.652 | 3.670 | 0.129 | 244 | 5725 | 227 |
| lscale | 11.458 | 9.813 | -22.894*** | 11.458 | 11.619 | 0.976 | 244 | 5725 | 227 |
| lprod | 5.528 | 5.101 | -6.482*** | 5.528 | 5.631 | 1.156 | 244 | 5725 | 227 |
| tfp | 11.576 | 0.727 | -10.983*** | 11.576 | 13.144 | 0.216 | 244 | 5725 | 227 |

注：匹配比例为 1∶1，表中 T 检验的原假设为"实验组和参照组的样本均值相等"。由于我们已经剔除了部分重复匹配的企业样本，所以匹配结果中并未根据 1∶1 的比例来呈现。需要说明的是，我们也按照 1∶2 和 1∶3 的比例进行了稳健性检验，但都不影响结论。

资料来源：作者自制。

表 5—2　2006 年的匹配实验

| | 匹配实验前 实验组 | 匹配实验前 对照组 | T 值 | 匹配实验后 实验组 | 匹配实验后 对照组 | T 值 | 实验组 | 对照组 | 匹配结果 |
|---|---|---|---|---|---|---|---|---|---|
| lkshare | 3.477 | 3.217 | -2.577** | 3.477 | 3.537 | 0.422 | 186 | 5934 | 174 |
| lscale | 10.861 | 9.934 | -11.435*** | 10.861 | 10.996 | 1.072 | 186 | 5934 | 174 |
| lprod | 5.488 | 5.264 | -2.949*** | 5.488 | 5.551 | 0.659 | 186 | 5934 | 174 |
| tfp | 3.135 | 0.879 | -6.761*** | 3.135 | 3.144 | 0.006 | 186 | 5934 | 174 |

资料来源：作者自制。

表 5—3　2007 年的匹配实验

| | 匹配实验前 实验组 | 匹配实验前 对照组 | T 值 | 匹配实验后 实验组 | 匹配实验后 对照组 | T 值 | 实验组 | 对照组 | 匹配结果 |
|---|---|---|---|---|---|---|---|---|---|
| lkshare | 3.641 | 3.217 | -4.294*** | 3.641 | 3.602 | -0.331 | 191 | 6108 | 182 |
| lscale | 11.154 | 10.051 | -13.835*** | 11.154 | 11.279 | 0.774 | 191 | 6108 | 182 |
| lprod | 5.722 | 5.419 | -3.919*** | 5.722 | 5.804 | 0.822 | 191 | 6108 | 182 |
| tfp | 14.033 | 0.924 | -10.233*** | 14.033 | 15.758 | -0.044 | 191 | 6108 | 182 |

资料来源：作者自制。

## 五、对外直接投资与母国劳动收入份额

### (一) 马氏距离匹配及匹配结果

我们首先采用马氏距离匹配法进行匹配，其具体的原理如下：用 $d$ 表示两值变量（0 或 1），当个体属于实验组时，我们用 $m \in \{d_{mt} = 1\}$ 来表示，当个体属于对照组时，我们用 $n \in \{d_{nt} = 0\}$ 来表示。我们用 $D_{mn}$ 表示个体 m 和个体 n 之间的马氏距离，计算方法如下：

$$D_{mn} = (U_m - U_n)^T C^{-1} (U_m - U_n)$$

这里 $U_m$ 和 $U_n$ 分别代表实验组和对照组的匹配变量的向量，$C$ 则表示匹配变量的协方差矩阵。$D_{mn}$ 则为我们测算的马氏距离，我们选择与个体 m 的马氏距离最小的个体 n 为我们所要找的对照组个体。因此为实验组寻找的匹配对象就恰好是对照组个体 n。具体而言，$D_{mn}$ 可以如下式表示的：

$$D_{mn} = \min\{(U_m - U_n)^T C^{-1} (U_m - U_n); m \in d_{mt}, n \in d_{nt}\}$$

当然，我们也可以根据研究的需要选择相应的匹配比例（1：x），x 表示想要匹配的对数。选择进行马氏距离匹配时，需要选择通过那些个体特征来进行相应的匹配。本章主要研究企业的跨国直接投资行为，因此我们在前人研究的基础上（Greenaway et al., 2007；Bellone et al., 2010；蒋冠宏等，2013、2014；）选择企业以

下指标作为匹配变量:① 企业全要素生产率 tfp、企业所属行业 sector、企业规模 scale、资本密度 kshare、劳动生产率 lprod 等。具体匹配结果见表（5—1）—（5—3）。

由于每个企业开始对外直接投资的时间有所差异，因此我们以企业首次开始进行 ODI 的时间来分别挑选与之匹配的对照组。如表（5—1）—（5—3）中的呈现，匹配前对外直接投资的企业和非对外直接投资企业的劳动收入份额均值相差较大，而且 T 值也较为显著，因此拒绝两组企业劳动收入份额样本均值相等的原假设。进行马氏距离匹配后，对照组企业的劳动收入份额样本均值明显下降，并且与实验组的劳动收入份额样本均值接近。从 T 值检验来看不再显著，这说明可以接受两组企业的劳动收入份额样本均值相等的原假设。经过匹配，我们找到了与实验组企业相接近的企业，这样排除了原本就由于"自选择效应"劳动收入份额较低的样本企业选择对外直接投资，进而可以将企业 ODI 的"收入分配效应"从"自选择效应"中区分出来。

### （二）初始检验

基于 DID 方法，首先进行总样本检验，具体见表 5—4。从表 5—4 中第 1 列和第 2 列来看，核心检验变量 $du \times dt$ 项系数分别为 -0.127 和 -0.072，均在 10% 统计水平上显著，这表明对外直接投资

---

① 数据匹配是找出"拟自然实验"发生之前与实验组最为相近的企业，因此在数据匹配的时候应选择企业对外直接投资的前一期的数据进行匹配。如要匹配 2005 年对外直接投资企业的对照组，则匹配变量应是企业在 2004 年的匹配变量，这样才能隔绝"对外直接投资效应"对数据匹配的影响。

显著抑制了母公司劳动收入份额的提升。由于时间、地区及行业差异可能会对企业劳动收入份额的产生影响，因此，在第3列和第4列分别控制时间、地区和行业的差异对劳动收入份额的影响，发现 $du \times dt$ 项系数依旧显著为负，结果稳健，表明企业进行ODI不利于母公司劳动收入份额的提升。同时发现，$du$、$dt$ 系数显著性均不稳健，说明不考虑海外直接投资，实验组和对照组企业的劳动收入份额并未出现明显上升或下降趋势。

关于其他控制变量。资本密度系数显著为负，说明企业资本密度越大，越不利于劳动收入份额的提升，这是因为资本密度越大的企业多为高科技产业，该类企业强调技术和资本的带动作用，进而不利于劳动份额提升。企业规模系数为正，且显著，说明企业规模越大，越可能为员工支付更高的工资（魏下海等，2013），提升劳动收入份额，这是由于大企业往往拥有高素质的职工和较高的技术效率（陈凌等，2010）。全要素生产率系数、企业年龄系数显著性均不稳健，说明全要素生产率和企业年龄对劳动收入份额的作用均不明显。含有国有资本的系数显著为正，说明国有企业有利于改善劳动收入份额，这是由国有企业的"半市场化"薪酬体系决定的（陆正飞等，2013），由于缺乏监管，国有企业相对于非国有企业更容易形成内部人控制，使得国企管理者更愿意支付较高工资以便同职工形成联盟，进一步将企业受益据为己有（钱颖一，1999），从而提升公司劳动收入份额。外商直接投资系数显著为正，说明外资对公司劳动收入份额的提升具有促进作用，这可能是由于外商直接投资带来了良好的用工规范和改善了雇员的福利等，进而提升了劳动收入份额。出口企业系数显著为正，说明母国企业劳动收入份额与企业出口正相关,这与新古典贸易理论的预期相一致,该理论认为国际贸易和专业化分工有利于提高充裕要素的收入份额,根据我国劳动力要素充裕的实际情况,则意味着企业出口有利于自身劳动收入份额的提升,与罗长远和张军(2009)得到的劳动收入份额与贸易弱相关的实证结论也相一致。

表5—4 劳动收入份额初始检验

|  | (1) | (2) | (3) | (4) |
| --- | --- | --- | --- | --- |
| $du$ | 0.112** <br> (2.09) | 0.017 <br> (0.36) | 0.018 <br> (0.31) | 0.142 <br> (1.21) |
| $dt$ | 0.022 <br> (0.48) | 0.071* <br> (1.71) | 0.123 <br> (1.01) | 0.107 <br> (1.08) |
| $du \times dt$ | -0.127* <br> (-1.94) | -0.072* <br> (-1.89) | -0.069* <br> (-1.79) | -0.060* <br> (-1.91) |
| kshare |  | -0.102*** <br> (-8.75) | -0.102*** <br> (-8.75) | -0.102*** <br> (-8.75) |
| scale |  | 0.231*** <br> (17.92) | 0.209*** <br> (17.62) | 0.194*** <br> (18.85) |
| tfp |  | 0.098 <br> (0.41) | 0.012 <br> (0.48) | 0.041* <br> (1.82) |
| Age |  | -0.027 <br> (-0.71) | -0.071 <br> (-0.96) | 0.061* <br> (1.73) |
| Dummy_con |  | 0.452*** <br> (6.49) | 0.482*** <br> (6.37) | 0.489*** <br> (5.50) |
| Dummy_fdi |  | 0.281*** <br> (5.34) | 0.252*** <br> (5.92) | 0.153*** <br> (4.57) |

续表

|  | (1) | (2) | (3) | (4) |
| --- | --- | --- | --- | --- |
| Dummy_export |  | 0.443*** | 0.437*** | 0.345*** |
|  |  | (12.52) | (12.86) | (9.02) |
| Constant | -1.033*** | 0.629*** | 2.092*** | 1.522 |
|  | (-4.76) | (6.11) | (6.83) | (0.59) |
| Year | 否 | 否 | 是 | 是 |
| Region | 否 | 否 | 是 | 是 |
| Industry | 否 | 否 | 否 | 是 |
| N | 3018 | 3018 | 3018 | 3018 |
| adj. R² | 0.007 | 0.189 | 0.189 | 0.242 |
| F值 | 2.85 | 77.15 | 59.72 | 26.45 |

注：\*\*\*、\*\*、\*分别表示1%、5%、10%水平上显著；year、region、industry分别表示年份、地区和行业固定效应。

资料来源：作者自制。

## （三）分对外直接投资目的检验

表5—5第1—4列分别检验不同动机的企业ODI对母公司劳动收入份额的影响。第1列显示，核心检验变量的 $du \times dt$ 系数为 -0.019，且在5%统计水平上显著，说明商贸服务类ODI显著降低了母公司劳动收入份额，这与前文的推论一致。进行商贸服务类ODI的企业由于较低的议价能力更易遭受的"俘获"效应，进而导致劳动收入份额下降。第2列核心变量 $du \times dt$ 系数为 -0.027，但不显著，说明生产类ODI会导致母公司劳动收入份额下降，但这种效应并不明显。这与当前中国企业对外直接投资的东道国劳动力市场竞争程度相关，也从侧面反映了中国当前的生产类综合

ODI 多分布在劳动力市场密集的国家，这与阎大颖（2013）的研究结论一致。第 3 列核心变量 $du \times dt$ 系数为 0.060，且在 5% 统计水平上显著，表明资源寻求型 ODI 显著促进了母公司劳动收入份额，这与推论一致。这说明此类 ODI 通过"资源补缺"效应使得除劳动力之外的其他生产要素更充裕，进而降低其他生产要素的价格，导致劳动收入相对于其他要素报酬份额提升。第 4 列核心变量 $du \times dt$ 系数为 0.019，且显著，表明技术寻求类 ODI 显著提升了母公司劳动收入份额，与推论一致。这说明技术寻求类 ODI 由于"学习效应"和逆向技术溢出效应"促进了母公司劳动收入份额提升。

表 5—5　分行业检验

|  | 商贸服务类 ODI（1） | 生产综合类 ODI（2） | 资源寻求型 ODI（3） | 技术寻求型 ODI（4） |
| --- | --- | --- | --- | --- |
| $du$ | 0.067 | -0.159 | 0.003 | 0.105 |
|  | (0.87) | (-0.92) | (0.02) | (1.39) |
| $dt$ | 0.036 | 0.652** | 0.008 | 0.107 |
|  | (0.52) | (2.49) | (0.07) | (1.32) |
| $du \times dt$ | -0.019** | -0.027 | 0.060** | 0.019* |
|  | (-2.39) | (-1.30) | (2.34) | (1.90) |
| kshare | -0.191*** | -0.032 | -0.061** | -0.055*** |
|  | (-7.89) | (-0.62) | (-2.39) | (-3.05) |
| scale | 0.233*** | 0.197*** | 0.215*** | 0.191*** |
|  | (11.35) | (2.95) | (7.09) | (9.87) |
| tfp | 0.091 | -0.062 | 0.090 | 0.074 |
|  | (0.86) | (-1.53) | (1.16) | (0.93) |

续表

|  | 商贸服务类 ODI（1） | 生产综合类 ODI（2） | 资源寻求型 ODI（3） | 技术寻求型 ODI（4） |
| --- | --- | --- | --- | --- |
| Age | 0.003 (0.792) | 0.162 (1.492) | 0.047 (0.419) | -0.157 (-1.612) |
| Dummy_con | 0.262** (2.39) | 0.661*** (3.01) | 0.401** (2.41) | 0.449*** (4.24) |
| Dummy_fdi | 0.159*** (4.91) | -0.059 (-0.34) | 0.152 (1.58) | 0.118** (1.99) |
| Dummy_export | 0.462*** (8.49) | 0.284** (2.05) | 0.423*** (4.56) | 0.344*** (6.13) |
| Constant | 1.361*** (6.73) | 0.756 (0.86) | 1.162*** (3.84) | 0.818** (2.24) |
| N | 1321 | 197 | 430 | 1070 |
| Year | 是 | 是 | 是 | 是 |
| Region | 是 | 是 | 是 | 是 |
| Industry | 是 | 是 | 是 | 是 |
| adj. $R^2$ | 0.190 | 0.265 | 0.163 | 0.217 |
| F 值 | 35.83 | 4.89 | 6.91 | 26.71 |

注：***、**、* 分别表示1%、5%、10%水平上显著；year、region、industry 分别表示年份、地区和行业固定效应。

资料来源：作者自制。

## （四）特定东道国检验

根据 Helpman 等（2004）和李梅（2012）的理论表明，由于"自选择效应"和"生产率门槛"，生产率越高的企业海外直接投资越倾向进入发达国家。从中国经验数据看，投资于发达国家的企业大多处于中国行业的领军企业,具有较高技术承接能力(如技术寻求类 ODI 为主),投资于发展中国家企业生产率多处于较低水平,以转移国内落后过剩产能为动机(如生产综合类 ODI),本节的样本数据也显示 90.03% 的技术寻求类 ODI 进入了发达国家,70.91% 的生产综合类 ODI 进入了发展中国家。这两类不同动机的企业海外投资对母公司劳动收入份额的影响是有差异的。前者提高了母公司高技能劳动者报酬,促进了劳动收入份额。后者则对母公司劳动力进行了替代,降低了劳动收入份额。此外,还发现中国部分企业通过投资于开曼群岛、英属维尔京群岛等传统的避税天堂等地来获取优惠的外资政策,存在明显的"制度逃避投资"的动机,这类企业基本不具有实际意义的外资身份。基于以上目的,将 ODI 投资的东道国划分为两类:一类为发达国家(地区)和发展中国家(地区),另一类为只有香港等避税港地区和无香港等避税港地区,具体检验结果见表 5—6。

表 5—6 特定东道国检验

|  | 发达国家 | 发展中国家 | 无避税港 | 只有避税港 |
|  | (1) | (2) | (3) | (4) |
| --- | --- | --- | --- | --- |
| $du$ | −0.12 | 0.066 | −0.005 | 0.119 |
|  | (−1.53) | (0.75) | (−0.73) | (0.94) |
| $dt$ | 0.064 | 0.180* | 0.172** | 0.062 |
|  | (1.10) | (1.89) | (2.13) | (1.13) |
| $du \times dt$ | 0.059* | −0.075** | −0.091** | −0.089 |
|  | (1.83) | (−2.15) | (−2.37) | (−0.76) |

续表

| | 发达国家 | 发展中国家 | 无避税港 | 只有避税港 |
| --- | --- | --- | --- | --- |
| | (1) | (2) | (3) | (4) |
| kshare | -0.116*** | -0.084*** | -0.118*** | -0.162*** |
| | (-7.32) | (-3.69) | (-7.73) | (-3.41) |
| scale | 0.262*** | 0.182*** | 0.220*** | 0.205*** |
| | (10.52) | (9.30) | (15.81) | (4.62) |
| tfp | -0.007 | 0.106* | 0.051 | -0.085 |
| | (-0.65) | (1.79) | (1.22) | (-0.17) |
| Age | 0.041 | 0.051 | -0.094 | 0.045 |
| | (1.05) | (0.68) | (-0.83) | (0.27) |
| Dummy_con | 0.509*** | 0.436*** | 0.441*** | 0.373** |
| | (6.13) | (4.85) | (6.78) | (2.05) |
| Dummy_fdi | 0.244*** | 0.165** | 0.221*** | 0.176** |
| | (4.88) | (2.41) | (5.48) | (1.98) |
| Dummy_export | 0.467*** | 0.474*** | 0.489*** | 0.236** |
| | (9.04) | (7.52) | (12.40) | (2.73) |
| Constant | 1.174*** | 0.821*** | 1.174*** | 1.801*** |
| | (5.87) | (3.03) | (6.82) | (4.07) |
| Year | 是 | 是 | 是 | 是 |
| Region | 是 | 是 | 是 | 是 |
| Industry | 是 | 是 | 是 | 是 |
| N | 1493 | 1536 | 2491 | 524 |
| adj. $R^2$ | 0.262 | 0.191 | 0.194 | 0.228 |
| F值 | 41.71 | 18.71 | 40.93 | 13.07 |

注：***、**、*分别表示1%、5%、10%水平上显著；year、region、industry 分别表示年份、地区和行业固定效应。

资料来源：作者自制。

表5—6中第1列为投资于发达国家（地区）的ODI对母公司劳动收入份额的回归结果，核心检验变量 $du \times dt$ 系数0.059，且在10%统计水平上显著，说明企业对发达国家进行海外直接投资会促进母公司劳动收入份额的提升。第2列为核心解释变量 $du \times dt$ 系数为 -0.075，且显著，说明投资于发展中国家显著降低了母公司劳动收入份额，这也进一步印证了发展中国家劳动力对中国劳动力的替代。第3列核心检验变量 $du \times dt$ 系数显著为负，说明我国企业对外直接投资在传统免税地之外的国家或地区，会显著降低母公司的劳动收入份额，也从侧面印证在剔除香港等避税港地区样本后，本节的初始检验结果依旧稳健。第4列的 $du \times dt$ 系数为负，但不显著，说明企业投资于避税港等地区对母公司劳动收入份额并没有明显影响。

## 六、对外直接投资与母国高低技术工人收入分配

在考虑了对外直接投资对母国劳动者收入份额的影响之后，我们还想知道对外直接投资对母国不同类型的劳动者之间的收入分配是如何影响的？发展中国家高低技术劳动力之间工资不平等的加剧已经日益成为国际经济学界关注的焦点。学者一方面从贸易角度探讨中间产品贸易、产业内贸易对高低技术劳动收入差距的影响（Feenstra et al., 1996、1997、2003；Cheng et al., 2007），另一方面将国际贸易与技术溢出结合起来解释发展中国家工资不平等的上升（Pissarides, 1997；Berman et al., 2000；Conte et al., 2007；喻美辞等，2012）。关于国际直接投资对高低技术劳动收入差距的分析

则相对较少，Fajnzylber et al.（2004）利用世界银行统计的数据分析得出，巴西、中国和马来西亚通过 FDI、进口中间投入品和引进专利技术显著促进了高技术劳动的工资水平。由于发展中国家对外直接投资起步较晚，鲜有学者探讨发展中国家对外直接投资对母国高低技术劳动收入差距的影响。基于此，我们将每个企业内的工人分为高技术劳动力和低技术劳动力两个部分，考察对外直接投资是否影响了母国企业两类工人的收入差距。

### （一）马氏距离匹配及匹配结果

我们依旧采用上一节所使用的数据，但有所区别的是，在计算高低技术劳动变量时，需要使用利润这一数据，由于部分企业利润数据的缺失，因此实验组企业只有 522 家，对照组企业 17350 家。为此我们重新对企业变量进行马氏距离匹配。具体检验结果见表 5—7 和表 5—9，我们可以看出，匹配前对外直接投资企业的劳动生产率、规模、全要素生产率都显著高于从未对外直接投资企业，高低技术劳动收入差距显著低于从未参与跨国直接投资的企业。从 T 值检验结果来看，原假设对外直接投资企业的高低技术劳动收入差距的均值与从未参与对外直接投资企业的高低技术劳动收入差距的均值相等的原假设被拒绝。经过马氏距离匹配后，实验组企业和对照组企业的劳动生产率、全要素生产率、规模、劳动收入份额、高低技术劳动收入差距均高度接近，且从 T 值来看，均通过了原假设。这说明通过马氏距离匹配，我们找到了与 ODI 企业最相近的非 ODI 企业。通过马氏距离匹配，我们排除了由于"自选择效应"而引起的无法区分高低技术劳动收入差距究竟是由"自选择效应"导致的还是投资后的"收入分配效应"引起的。

表 5—7 2005 年的匹配实验

| | 匹配实验前 | | T 值 | 匹配实验后 | | T 值 | 实验组 | 对照组 | 匹配结果 |
| --- | --- | --- | --- | --- | --- | --- | --- | --- | --- |
| | 实验组 | 对照组 | | 实验组 | 对照组 | | | | |
| lprod | 3.222 | 3.005 | -1.783* | 3.222 | 3.208 | -0.092 | 158 | 5164 | 150 |
| scale | 10.675 | 9.584 | -12.294*** | 10.675 | 10.533 | -1.137 | 158 | 5164 | 150 |
| R | -2.717 | -2.413 | 2.287** | -2.717 | -2.784 | -0.699 | 158 | 5164 | 150 |
| tfp | 1.558 | 0.526 | -8.833*** | 0.155 | 0.146 | -0.196 | 158 | 5164 | 150 |
| wagegap | -1.905 | -2.011 | -2.156** | -1.905 | -1.906 | -0.617 | 158 | 5164 | 150 |

注：匹配比例为 1∶1，表中 T 检验的原假设为"实验组和参照组的样本均值相等"。由于我们已经剔除了部分重复匹配的企业样本，所以匹配结果中并未根据 1∶1 的比例来呈现。需要说明的是，我们也按照 1∶2 和 1∶3 的比例进行了稳健性检验，但都不影响结论。

资料来源：作者自制。

表 5—8 2006 年的匹配实验

| | 匹配实验前 | | T 值 | 匹配实验后 | | T 值 | 实验组 | 对照组 | 匹配结果 |
| --- | --- | --- | --- | --- | --- | --- | --- | --- | --- |
| | 实验组 | 对照组 | | 实验组 | 对照组 | | | | |
| kshare | 3.419 | 3.194 | -2.282** | 3.419 | 3.386 | -0.232 | 178 | 6024 | 175 |
| scale | 10.795 | 9.767 | -12.328*** | 10.795 | 10.691 | -0.948 | 178 | 6024 | 175 |
| R | -2.831 | -2.659 | 2.277** | -2.831 | -2.867 | -0.411 | 178 | 6024 | 175 |
| tfp | 2.234 | 0.665 | -8.048*** | 2.234 | 0.158 | -0.716 | 178 | 6024 | 175 |
| wagegap | -1.902 | -1.915 | -3.581*** | -1.902 | -1.903 | -0.396 | 178 | 6024 | 175 |

表 5—9　2007 年的匹配实验

| | 匹配实验前 | | T 值 | 匹配实验后 | | T 值 | 实验组 | 对照组 | 匹配结果 |
|---|---|---|---|---|---|---|---|---|---|
| | 实验组 | 对照组 | | 实验组 | 对照组 | | | | |
| kshare | 3.649 | 3.243 | -4.287*** | 3.649 | 3.621 | -0.232 | 186 | 6162 | 180 |
| scale | 10.959 | 9.889 | -13.018*** | 10.959 | 10.873 | -0.673 | 186 | 6162 | 180 |
| R | -2.871 | -2.722 | 1.984** | -2.871 | -3.002 | -1.397 | 186 | 6162 | 180 |
| tfp | 3.443 | 0.874 | -8.412*** | 3.443 | 0.194 | -1.063 | 186 | 6162 | 180 |
| wagegap | -1.895 | -1.904 | -3.932*** | -1.895 | -1.896 | -0.323 | 186 | 6162 | 180 |

资料来源：作者自制。

## （二）初始检验

首先我们进行了初始检验，具体结果见表 5—10。方程（1）没有加入控制变量和固定效应。在随后的检验中我们逐步加入其他控制变量和时间、地区和行业等固定效应。$du$ 是度量企业是否是实验组的变量，其系数都为正，但显著性并不稳健。方程（1）中系数为正但不显著，说明在不考虑企业特征变量和固定效应时，对外直接投资企业与从未对外直接投资企业相比高低技术劳动收入并无差异。方程（2）和方程（3）中 $du$ 系数显著为正，说明如果加入了企业控制变量以及时间和地区固定效应，对外直接投资企业相较于从未对外直接投资企业的高低技术劳动收入差距要更大。方程（4）中 $du$ 的系数为正，但又变得不显著，说明考虑到行业差异方面的因素，进行 ODI 的企业和未进行 ODI 的企业的高低技术劳动收入差距可能是无差异的。这说明如果不考虑时间因素的影响，实验组企业的高低技术劳动收入差距并不一定比对照组低。$dt$ 为企业对外直接投资前后的时间虚拟变量，它的估计系数都显著为正，说明在不考虑企业是否对外直接投资的情况下，高低技术劳动的收入差距都在时间纬度扩大，这与我国劳动就业市场所面临的情况基本一致。伴随高技术劳动的就业和工资比重的提高，高技术劳动和低技术劳动之间的相对工资差距也呈上升趋势，据测算，2004—2007 年高低技术劳动力的相对工资差距持续保持在 1.9 左右的高位水平[①]（喻美辞等，2012）。

表 5—10　初始检验

|  | （1） | （2） | （3） | （4） |
| --- | --- | --- | --- | --- |
| $du$ | 0.002<br>(0.79) | 0.006**<br>(2.46) | 0.006**<br>(2.37) | 0.003<br>(0.81) |
| $dt$ | 0.005***<br>(2.98) | 0.008***<br>(3.83) | 0.008***<br>(3.80) | 0.002*<br>(1.71) |
| $du \times dt$ | -0.005**<br>(-2.00) | -0.007**<br>(-2.08) | -0.006**<br>(-2.05) | -0.002*<br>(-1.68) |
| kshare |  | -0.002***<br>(-3.41) | -0.002***<br>(-3.42) | -0.002***<br>(-3.74) |
| scale |  | -0.005**<br>(-2.34) | -0.004**<br>(-2.36) | -0.004**<br>(-2.20) |
| tfp |  | 0.015*<br>(1.67) | 0.015*<br>(1.67) | 0.013<br>(1.53) |
| R |  | -0.010***<br>(-10.46) | -0.010***<br>(-10.49) | -0.009***<br>(-10.40) |

---

① 喻美辞等（2012）关于高低技术劳动的划分以制造业大中型企业的科技活动人员作为制造业熟练劳动力的替代指标，用科技人员的从业人数和劳务费来表示熟练劳动力的就业和工资水平。

续表

|  | (1) | (2) | (3) | (4) |
|---|---|---|---|---|
| Dummy_fdi |  | 0.005**<br>(2.56) | 0.005**<br>(2.47) | 0.005**<br>(2.25) |
| Dummy_export |  | -0.005***<br>(-3.00) | -0.006***<br>(-3.08) | -0.005***<br>(-2.66) |
| Constant | -1.902***<br>(-13.36) | 1.912***<br>(30.38) | 1.911***<br>(30.24) | -1.912***<br>(-29.37) |
| Year | 否 | 否 | 是 | 是 |
| Region | 否 | 否 | 是 | 是 |
| Industry | 否 | 否 | 否 | 是 |
| N | 2166 | 2166 | 2166 | 2166 |
| adj. R² | 0.003 | 0.095 | 0.095 | 0.102 |
| F 值 | 3.46 | 17.72 | 14.58 | 12.56 |

注：***、**、*分别表示1%、5%、10%水平上显著；year、region、industry分别表示年份、地区和行业固定效应。

资料来源：作者自制。

本节的核心检验变量是 $du \times dt$。在方程（1）的基准检验中 $du \times dt$ 系数显著为负，控制企业特征变量后系数仍显著为负，在逐渐加入时间、地区和行业固定效应的控制之后，核心变量的系数和显著性都有所下降，但仍然显著为负。这说明企业对外直接投资有利于缩小高低技术劳动收入差距。这与我们在第四章中得出的结论不符，对此可能的解释有以下两点：第一，中国从1999年开始高校"扩招"，使得我国本科毕业劳动力从2002年的65.58万增加至2009

年的 245.54 万人次，[1] 导致以本科为主的高技术劳动出现了供过于求的压力，因此企业"走出去"虽在理论上应扩大高低技术劳动收入间的差距，但由于高技能劳动供过于求，高低技能劳动者收入反而缩小了；第二，这可能与中国现阶段企业走出去的类型相关，中国大多数"走出去"企业为工程外包，伴随低技能劳动力的流出，而非选择雇佣当地员工，这样从另一个层面减少了母国低技能劳动的供给，反而有助于缩小高低技能劳动收入。

关于其他控制变量。我们发现资本密度、规模变量系数显著为负，说明资本密度越高、规模越大的企业其高低技术劳动收入差距越小。这表明中国工业的物质资本投资与低技术劳动力具有一定的互补作用，这与中国物质资本投资的低效率有关（喻美辞等，2012），另一方面，也由于资本密度越大、规模越大的企业一般拥有良好的用工规范和雇员的福利等，因此该类企业内劳动收入差距越小。全要素生产率估计值为正，但显著性并不稳定，说明在考虑了企业特征变量、时间、地区和行业效应后，全要素生产率对企业内高低技术劳动收入差距的确切影响并不确定。劳动收入份额的系数显著为负，说明企业内劳动收入份额越高，则高低技术劳动收入的差距越小。对此的解释可能是由于劳动收入份额较高的企业普遍工会力量比较强大，[2] 而强大的工会力量会在集体谈判中采用标准化的

---

[1] 数据来源于《中国统计年鉴》，2003 年是 1999 年"扩招"后首届本科毕业生所在年份。
[2] 比如 Kalleberg et al.（1984）和 Droucopoulos et al.（1992）分别使用美国印刷业和希腊制造业的数据研究发现，工会显著促进了劳动收入份额的提升。类似的，Guscina，（2006）和 Fichtenbaum（2009、2011）认为工会力量的衰弱是解释劳动收入份额下降的重要原因。

工资策略,提高了低技能劳动者的收入,压缩工资分布范围,从而缩小了工资差距(孙兆阳,2013)。企业出口系数显著为负,说明出口企业对高低技术劳动收入差距的缩小有促进作用。这可以由中国当前阶段的外贸出口结构来解释,中国出口产品中低端劳动密集型产品占绝大多数份额,这有利于促进低技术劳动就业和报酬的增加。外资系数显著为正,说明外资介入的企业相对于非外资企业其高低技术劳动收入差距越大,这可能与发达国家逐渐将本国低技能密集型生产环节转移到发展中国家有关,这是因为这些生产环节可能对发展中国家而言仍为高技能密集型生产环节,这会增加对发展中国家高技能劳动的需求,从而扩大了工资差距(Feenstra et al.,1996;王苍峰等,2011)。

### (三) 按投资动机检验

参照上一节的分析,我们对不同的对外直接投资目的进行了分类检验,具体检验结果见表5—11。实证检验发现,方程(5)中核心解释变量显著为负,说明非经营类业务对外直接投资企业对高低技术劳动收入差距具有缩小作用。对此,可能的解释有以下两点:第一,非经营类业务主要为接受订单、仓储服务以及联络客户等售后服务类,该类业务可以扩大企业在东道国的知名度,进而促进产品出口,而本国出口产品的范围多为低端加工制造业,因此将会扩大对低技术劳动的需求,进而提高低技术劳动的相对收入,缩小高低技术劳动收入差距。第二,该类非经营性业务的从业人员大多从母国派出,由于从事该类业务多不需要高技术含量工作,因此多为低技术劳动人员外派,进而提高了本国低技术劳动的报酬,缩小高低技术劳动收入差距。其他控制变量系数和显著性都稳健,这里不再赘述。方程(6)—(8)的核心解释变量为负,但并不显著,说明贸易类、生产类、综合类对外直接投资对企业的高低技术收入作用不明显。究其原因,可能是因为对外直接投资在东道国的生产替代了母国企业同类产品的生产,而生产类和综合类对外直接投资多利用国外比较优势,雇佣外籍员工,因此生产类和综合类对外直接投资对本国就业市场造成的影响不是很大,因而对高低技术劳动收入差距的影响也就不显著了。其中企业规模、出口变量系数符号和显著性都不再稳健,说明单纯贸易类、生产类和综合类对外直接投资企业的规模和是否参与出口对高低劳动收入差距影响不确定。

表5—11 按投资动机检验

|  | (5) | (6) | (7) | (8) |
| --- | --- | --- | --- | --- |
|  | 非经营性 ODI | 商贸类 ODI | 生产类 ODI | 综合类 ODI |
| $du$ | 0.007 ** | 0.003 | 0.010 | 0.001 |
|  | (2.30) | (0.97) | (0.31) | (0.33) |
| $dt$ | 0.006 ** | 0.008 *** | 0.024 | 0.001 |
|  | (2.31) | (2.64) | (0.81) | (0.42) |
| $du \times dt$ | −0.009 ** | −0.003 | −0.013 | −0.002 |
|  | (−2.18) | (−0.70) | (−0.32) | (−0.33) |
| kshare | −0.002 ** | −0.002 ** | −0.020 ** | −0.003 |
|  | (−2.52) | (−2.27) | (−2.06) | (−0.29) |
| scale | −0.009 *** | −0.003 | −0.016 | 0.013 |
|  | (−3.29) | (−0.12) | (−0.31) | (0.34) |

续表

|  | （5） | （6） | （7） | （8） |
| --- | --- | --- | --- | --- |
|  | 非经营性ODI | 商贸类ODI | 生产类ODI | 综合类ODI |
| tfp | 0.055 | -0.024 | -0.021 | 0.063*** |
|  | (1.53) | (-0.83) | (-0.41) | (6.80) |
| R | -0.005*** | -0.009*** | -0.043*** | -0.003 |
|  | (-3.57) | (-6.17) | (-4.71) | (-1.59) |
| Dummy_fdi | 0.008*** | -0.004 | 0.062** | 0.006* |
|  | (3.00) | (-1.29) | (2.20) | (1.79) |
| Dummy_export | -0.009*** | 0.001 | -0.037 | 0.001 |
|  | (-4.00) | (0.46) | (-1.30) | (0.39) |
| Constant | -1.883*** | -1.922*** | -1.907*** | 1.918*** |
|  | (-20.76) | (-21.92) | (-12.13) | (16.79) |
| Year | 是 | 是 | 是 | 是 |
| Region | 是 | 是 | 是 | 是 |
| Industry | 是 | 是 | 是 | 是 |
| N | 1032 | 123 | 313 | 780 |
| adj. $R^2$ | 0.097 | 0.206 | 0.069 | 0.180 |
| F值 | 6.89 | 3.88 | 3.12 | 6.12 |

注：***、**、*分别表示1%、5%、10%水平上显著；year、region、industry分别表示年份、地区和行业固定效应。

资料来源：作者自制。

### （四）特定东道国检验

Xiaodong Wu（2001）认为，在低技术劳动充裕的东道国中，低技术偏向型FDI有助于缩小东道国的工资差距，但高技术偏向型FDI的作用则正好相反，会扩大东道国的工资差距。那么反过来讲，对外直接投资的"收入分配效应"是否也与东道国的发达水平和市场规模相关呢？基于此，我们将企业对外直接投资的国家分为发达国家和发展中国家两类。东道国越发达、收入水平越高，跨国企业想要进入该国的门槛就越高。从当前中国企业的发展现状来看，中国大部分"走出去"的企业都没有达到这种进入门槛，因此，中国企业的逆梯度对外直接投资通常倾向于不选择水平型直接投资（蒋冠宏等，2014），反而更多采用非直接生产型的投资方式（如非经营性ODI）。而发展中国家则不同，中国投资发展中国家的顺梯度ODI多以转移过剩产能以及落后产能为目的，该类型的ODI的投资方式多为直接生产型（如生产类、综合类ODI）。① 前者对高低技术劳动收入差距的影响取决于其逆向技术溢出效应究竟是低技术偏向型还是高技术偏向型。后者对高低技术劳动收入差距的影响则取决于当地的生产是否替代了母国产品的出口。此外，由于中国部分企业的对外直接投资存在"制度逃避或投机"动机，为的是获得外资身份来获取更多的优惠政策，因此我们也将对外直接投资企业分为只有香港等避税港的国家（地区）和没有香港等避税港的国家（地区）两类。

综合所述，我们有两个检验目的：第一，中国企业对外直接投资于发达国家（地区）和发展中国家（地区）对高低技术劳动收入差距的影响是否存在明显差异；第二，中国企业对外直接投资于香港等避税港地区和非香港等避税港地区对高低技术劳动收入差距的影响是否存在显著差异。基于上述目的，我们进行了如表5—12的

---

① 根据蒋冠宏等（2014）的统计，中国企业商贸服务类投资的60.23%进入高收入国家，39.77%进入中低收入国家。当地生产类和综合类投资的28.86%进入高收入国家，71.14%进入中低收入国家。

检验。方程（9）中核心解释变量 $du \times dt$ 系数显著为负，这表明投资于发达国家所产生的逆向技术溢出多为低技术偏好型。这与我们的直觉相悖，对此可能的解释是投资于发达国家的 ODI 多以获取先进技术为目的，但高技术的逆向溢出需要学习—吸收—再学习的过程，这一过程不仅需要母国具有较好的先进技术承接能力，而且同时其见效时间长；另一方面，发达国家忌惮发展中国家的追赶，往往采取制约政策来限制发展中国家进入投资的行业范围，从而导致中国对发达国家企业的投资所产生的技术溢出在短期内多为低技术偏好型。方程（10）中关键解释变量 $du \times dt$ 系数为负，但不再显著，说明投资于发展中国家对企业高低技术劳动收入差距的作用不明显。方程（11）中核心解释变量系数为负，且显著，说明我国企业对外直接投资于避税港等地以外的国家（地区）显著地缩小了母国企业高低技术劳动收入差距。方程（12）的核心解释变量为负，但不显著，说明对外直接投资于香港等避税港地区对企业高低技术劳动收入差距的作用不明显。

表5—12 特定东道国检验

|  | (9) 发达国家 | (10) 发展中国家 | (11) 无香港和避税港 | (12) 只有香港和避税港 |
| --- | --- | --- | --- | --- |
| $du$ | 0.006 ** (2.16) | 0.004 (1.15) | 0.006 ** (2.20) | 0.004 (0.65) |
| $dt$ | 0.008 *** (3.23) | 0.006 * (1.78) | 0.008 *** (3.47) | 0.001 (0.23) |
| $du \times dt$ | -0.007 * (-1.75) | -0.003 (-0.75) | -0.006 * (-1.65) | -0.003 (-0.48) |

续表

| | (9) | (10) | (11) | (12) |
|---|---|---|---|---|
| | 发达国家 | 发展中国家 | 无香港和避税港 | 只有香港和避税港 |
| kshare | -0.001 | -0.003*** | -0.002*** | -0.001*** |
| | (-1.58) | (-3.12) | (-3.05) | (-2.92) |
| scale | -0.007*** | 0.002 | -0.003 | 0.001 |
| | (-2.87) | (0.08) | (-1.45) | (0.35) |
| tfp | 0.035 | 0.018* | 0.092*** | 0.014 |
| | (1.21) | (1.76) | (3.49) | (1.60) |
| R | -0.008*** | -0.011*** | -0.009*** | -0.007*** |
| | (-7.10) | (-7.59) | (-8.96) | (-3.14) |
| Dummy_fdi | 0.003 | 0.007** | 0.006*** | -0.002 |
| | (1.43) | (2.10) | (2.76) | (-0.55) |
| Dummy_export | -0.005** | -0.006** | -0.006*** | -0.002 |
| | (-2.27) | (-2.15) | (-3.06) | (-0.49) |
| Constant | -1.905*** | -1.924*** | -1.915*** | -1.918*** |
| | (-25.02) | (-18.27) | (-26.35) | (-13.51) |
| Year | 是 | 是 | 是 | 是 |
| Region | 是 | 是 | 是 | 是 |
| Industry | 是 | 是 | 是 | 是 |
| N | 1168 | 1069 | 1891 | 312 |
| adj. $R^2$ | 0.098 | 0.083 | 0.105 | 0.118 |
| F 值 | 7.76 | 6.52 | 13.08 | 3.35 |

注：***、**、*分别表示1%、5%、10%水平上显著；year、region、industry 分别表示年份、地区和行业固定效应。

资料来源：作者自制。

## 七、小结

本节利用 2004—2007 年中国制造业企业的 ODI 数据检验了第四章中 ODI 的产业内效应——即"收入分配效应",具体包含企业对外直接投资对劳动收入份额的影响和对高低技术劳动收入差距的影响。首先,我们利用马氏距离匹配法为 ODI 企业(实验组)找到了相似的且可供比较的非 ODI(对照组)企业。接着采用倍差法检验出 ODI 的"收入分配效应"。经过检验,我们得出如下结论:

第一,企业进行对外直接投资活动对劳动收入份额持续下降具有一定的解释作用,却对高低技术劳动收入差距的缩小具有明显促进作用。这表明跨国公司通过 ODI 的方式对企业内高低技术劳动收入分配不均起到了改善作用。

第二,非经营性 ODI 的"收入分配效应"最明显,其显著地降低了企业的劳动收入份额,同时显著降低了企业高低技术劳动的收入差距。

第三,投资于发达国家的 ODI 显著提升了母国劳动收入份额,但投资于发展中国家的 ODI 则对母国劳动收入份额提升具有抑制作用。这表明,投资于发达国家的逆梯度 ODI 更有可能对母国企业的劳动收入分配不均起到改善作用。

第四,中国企业对香港等避税港地区的 ODI 的"收入分配效应"不明显。

因此,通过上述实证分析,我们得到了较为全面且清晰的中国企业 ODI 的"收入分配效应"。这为考察中国企业对外直接投资对母国的"收入分配效应"提供了可靠的微观证据。我们从理论和经验证据上确认了对外直接投资是影响劳动收入份额、高低技术劳动收入差距的重要影响因素之一，这丰富了中国在实施"走出去"战略后对其经济后果相关研究的文献，有助于深化对 ODI 的经济效应的认识，也为理解中国当代劳动收入份额和高低技术劳动收入差距提供了微观层面的证据。但在政策含义的寻求上，我们应当持谨慎态度。本节的研究决不意味着，为促进劳动收入份额的提升而放弃"走出去"的战略决策。相反，对外直接投资有其积极的作用，其在促进高低技术劳动收入差距的缩小、促进企业生产率提升、促进企业出口（蒋冠宏等，2014；毛其淋等，2014）上作用显著。然而，一些问题仍需进一步深入探讨才能有更准确的结论，因此我们接着分析 ODI 对要素结构的影响究竟如何。

## ◆ 第二节 中国 ODI 对产业内结构的影响：产出份额变动 ◆

我们通过第二章中的文献回顾可以发现，现有关于研究中国对外直接投资与产业结构的关系的文献大部分是通过宏观或中观层面来研究 ODI 对母国的产业间结构效应，作为对现有文献的一个补充，笔者从微观层面来探讨 ODI 的产业内结构效应。限于数据的可获得性，我们以制造业企业为研究对象，检验 ODI 对制造业产业内结构升级的影响。基于此，我们按照李贤珠（2010）在 OECD 制造业分类的基础上，将制造业分为高端、中端和低端技术产业三类，① 进而分析这三类产业中企业 ODI 的产业升级效应。

一、产业升级框架

制造业产业结构升级具体可以概括为制造业内的产业结构从一个低级形态向高级形态转变的过程，这一过程被冯根福等（2008）概括为经济发展的历史和逻辑顺向演进的过程。它的内涵则可以概括为：由以劳动密集型为主的制造业内部结构向以资本技术密集型为主的制造业内部结构演进；由以传统低技术制造业为主的内部结构向以高新技术制造业为主的内部结构演进；由以低附加值制造业为主的内部结构向以高附加值制造业为主的内部结构演进的过程（李延喜等，2007）。基于此，本书构架研究 ODI 对制造业产业升级的实证的核心思想则为：

若企业对外直接投资显著促进高端技术企业、中端技术企业市场份额的增加，而对低端技术企业市场份额无影响时，则认为 ODI 显著促进了制造业结构升级。这是因为 ODI 促进了制造业中高端技术企业和中端技术企业市场份额的上升，则表明制造业中高端技术企业与中端技术企业份额比重增加，即体现了制造业整体技术水平的提升，进而产业升级。

---

① 高端技术产业包括通讯设备、专用设备、交通运输、电气机械及器材、通信电子、仪器仪表及文化办公用机械、化学及医药等行业；中端技术产业包括石油加工、炼焦及核燃料加工业、橡胶、塑料、非金属矿物、黑色金属冶炼、有色金属冶炼和金属制品等行业；低端技术产业包括食品加工制造、饮料、烟草、纺织、服装、皮革、木材、家具、造纸、印刷和文体用品及其他制造业。

若企业对外直接投资显著促进了低端技术企业市场份额的增加，而对高端技术企业和中端技术企业市场份额无影响，则认为ODI显著抑制了制造业结构升级。或对外直接投资显著促进了低端技术企业和中端技术企业市场份额的增加，对高端技术企业企业市场份额无影响，同样认为ODI显著抑制了制造业结构升级。

若企业对外直接投资显著促进了三类制造业企业份额的增加，或企业对外直接投资显著抑制了三类制造业企业份额的增加，或企业对外直接投资只显著促进了中端技术企业市场份额的增加，则ODI是否促进了制造业结构升级将无法得出结论。

## 二、模型设置与数据选择

考虑到我们对外直接投资企业样本只有524家[①]（剔除R&D支出和新产品缺失值的企业），时间段只有三年，因此我们将企业按照李贤珠（2010）对产业进行分类的方法，属于高端技术产业的企业为高端技术企业，属于中端技术产业的企业为中端技术企业，属于低端技术产业的企业为低端技术企业。这里依旧采用前面匹配好的数据来将ODI企业分为三类，同时相应的对照组企业也被分为三类。[②] 这里我们分别检验三类企业中ODI对企业份额的影响，最后根据ODI对三类企业份额影响的具体差异进行分析，得出ODI

---

[①] 需要指出的是，除了前期对数据库的处理外，本节对合并后的数据库做了处理，删除了采矿业、电力、燃气及水的生产和供应业的数据，仅保留制造业数据。

[②] 因为匹配中将行业作为一个匹配变量，因此这里不需要再考虑对照组企业所属产业类型是否和实验组相同。

是否促进了母国的制造业产业升级的结论。具体的模型我们设置如下：

$$H_{it} = \alpha_0 + \alpha_1 du + \alpha_2 dt + \delta du \times dt + \varphi \vec{Z}_{irkt} + v_k + v_j + \varepsilon_{it} \tag{5—12}$$

$$M_{it} = \alpha_0 + \alpha_1 du + \alpha_2 dt + \delta du \times dt + \varphi \vec{Z}_{irkt} + v_k + v_j + \varepsilon_{it} \tag{5—13}$$

$$L_{it} = \alpha_0 + \alpha_1 du + \alpha_2 dt + \delta du \times dt + \varphi \vec{Z}_{irkt} + v_k + v_j + \varepsilon_{it} \tag{5.14}$$

其中，i、r、k 和 t 分别表示企业、行业、地区和时间。$du$ 表示对外直接投资哑变量，当企业 i 对外直接投资时 $du$ 取 1，当企业 i 没有进行对外直接投资时 $du$ 取 0。$dt$ 表示对外直接投资的前后变量，对外直接投资之前为 $dt$ 取值为 0，对外投资之后 $dt$ 取值为 1。$H_{it}$、$M_{it}$ 和 $L_{it}$ 分别代表高端技术企业、中端技术企业和低端技术企业的结构变量。本节考察的是企业层面的产业内结构变动，因此我们采取类比与产业间结构评价的做法，将企业产出增加值占产业增加值的比例作为企业的结构变量，这实际上也是企业竞争力的一个体现，若该指标数值变大，则说明企业竞争力提升，所占行业份额提升，反之则反。$\vec{Z}_{irkt}$ 表示影响企业结构提升的因素，主要有劳动生产率（lprod）、资本密集度（kshare）、企业规模（scale）、企业是否出口（dummy_ export）、企业是否是外资企业（dummy_ fdi）、是否为国有企业（dummy_ con）、企业就业人数（labor）、企业工资率（w）、企业经营时间（age）。

## 三、实证结果分析

### (一) 马氏距离匹配

本节主要研究企业的跨国直接投资行为,具体匹配结果见表5—13 和表5—15。由于每个企业所属类别不同,因此以企业所属类别来分别挑选与之匹配的对照组。如表中所呈现,匹配前对外直接投资的企业和非对外直接投资企业结构变量均值相差较大,而且 T 值也较为显著,因此拒绝两组企业结构变量样本均值相等的原假设。进行马氏距离匹配后,对照组企业的结构变量样本均值明显增加,并且与实验组的结构变量样本均值样本均值接近。从 T 值检验来看

表5—13　高端技术制造业的匹配实验

| | 匹配实验前 | | T 值 | 匹配实验后 | | T 值 | 实验组 | 对照组 | 匹配结果 |
|---|---|---|---|---|---|---|---|---|---|
| | 实验组 | 对照组 | | 实验组 | 对照组 | | | | |
| kshare | 4.253 | 3.9666 | -1.743* | 4.253 | 4.234 | -0.172 | 158 | 5164 | 150 |
| scale | 14.091 | 12.650 | -10.483*** | 14.091 | 13.903 | -0.187 | 158 | 5164 | 150 |
| lprod | 7.296 | 6.733 | -7.398*** | 7.296 | 7.432 | 1.046 | 158 | 5164 | 150 |
| tfp | 2.056 | 0.694 | -7.982*** | 2.056 | 1.592 | -1.056 | 158 | 5164 | 150 |
| H | 0.138 | 0.014 | -2.231** | 0.138 | 0.120 | -0.937 | 158 | 5164 | 150 |

注:匹配比例为1:1,表中T检验的原假设为"实验组和参照组的样本均值相等"。由于已经剔除了部分重复匹配的企业样本,所以匹配结果中并未根据1:1的比例来呈现。需要说明的是,笔者也按照1:2和1:3的比例进行了稳健性检验,但都不影响结论。下表相同。

资料来源:作者自制。

表 5—14　中端技术制造业的匹配实验

| | 匹配实验前 实验组 | 对照组 | T 值 | 匹配实验后 实验组 | 对照组 | T 值 | 实验组 | 对照组 | 匹配结果 |
|---|---|---|---|---|---|---|---|---|---|
| kshare | 4.513 | 4.216 | -2.482** | 4.513 | 4.469 | -0.306 | 178 | 6024 | 175 |
| scale | 14.249 | 12.892 | -10.732*** | 14.249 | 14.112 | -1.251 | 178 | 6024 | 175 |
| lprod | 7.244 | 6.948 | -3.023*** | 7.244 | 7.327 | 0.869 | 178 | 6024 | 175 |
| tfp | 2.948 | 0.877 | -7.056*** | 2.948 | 1.908 | -0.945 | 178 | 6024 | 175 |
| M | 0.118 | 0.041 | -3.035*** | 0.118 | 0.117 | -0.522 | 178 | 6024 | 175 |

资料来源：作者自制。

表 5—15　低端技术制造业的匹配实验

| | 匹配实验前 实验组 | 对照组 | T 值 | 匹配实验后 实验组 | 对照组 | T 值 | 实验组 | 对照组 | 匹配结果 |
|---|---|---|---|---|---|---|---|---|---|
| kshare | 4.816 | 4.280 | -3.267*** | 4.816 | 4.779 | -0.306 | 186 | 6162 | 180 |
| scale | 14.465 | 13.053 | -10.946*** | 14.465 | 14.352 | -0.888 | 186 | 6162 | 180 |
| lprod | 7.553 | 7.153 | -4.026*** | 7.553 | 7.661 | 1.085 | 186 | 6162 | 180 |
| tfp | 4.544 | 1.153 | -7.641*** | 4.544 | 3.256 | -1.403 | 186 | 6162 | 180 |
| L | 0.125 | 0.401 | -3.064*** | 0.125 | -0.114 | -0.426 | 186 | 6162 | 180 |

资料来源：作者自制。

不再显著，这说明可以接受两组企业的结构变量样本均值相等的原假设。经过匹配，找到了与实验组企业相接近的企业，进而可以将企业 ODI 的"产业内结构升级"从"自选择效应"中区分出来。

（二）初始检验

首先进行了初始检验，具体如表 5—16 所示。第 1 列、第 3 列和第 5 列为不加时间、地区和行业固定效应的基准检验。第 2 列、第 4 列和第 6 列中加入了地区、时间和行业固定效应。首先讨论第 1—2 列中各变量的含义。其中 $du$ 系数符号和显著性都不稳健，说明在不考虑时间维度、地区特征和行业特征的情况下，高端技术对外直接投资企业（实验组）的增加值份额与对照组并无显著差异。$dt$ 的系数为负，并且稳健，这表示在不考虑企业是否进行对外直接投资时，高端技术对外直接投资企业（实验组）和对照组企业的增加值份额出现明显的下降态势。核心解释变量 $du \times dt$ 系数显著为正，即对外直接投资显著促进母国高端技术企业增加值份额的上升，这与高端技术制造企业具有较好的逆向技术外溢承接能力相印证。

关于其他控制变量。劳动生产率系数显著为正，说明劳动生产率越高，高端技术企业增加值份额越高。企业规模系数显著为正，说明企业规模越大，则其所占增加值份额越高，这与企业的规模效应相关。由于在高端技术行业中，研发成本巨大，只有当销售规模足够大时，产生规模效应，从而降低生产成本，才能使增加值份额变大，典型的案例如华为、中兴等。该结论与方军雄（2011）得出的结论一致。企业经营时间系数显著为正，说明企业经营时间越长，则反映其竞争力较强，因此增加值份额越多。说明在高技术产业中，存在着先入为主的概念，而后发企业需要时间来确立自己的知名度才能与其竞争者抗衡。企业工资系数显著为正，这是因为工资率较高的企业普遍盈利和发展潜力状况较好，因此有利于企业增加值份额的提升。企业出口哑变量系数为正，且显著，这说明在高科技企业中，出口企业较未参与出口企业而言增加值份额较高。这是由于我国高科技企业产品出口不同于低端价值链产品的出口，该类出口多为占领更大的海外市场、发展国际业务的大型跨国企业，所以在高科技企业中，出口企业所占的增加值份额较高。是否为国有企业、外资参与是否参与的哑变量系数显著性并不稳健，说明在高科技企业中，企业属性以及是否有外资进驻对企业增加值份额并未有显著影响。

接下来分析中端技术企业的检验结果第3—4列，同高端技术企业检验结果相似，$du$ 系数符号和显著性都不稳健，$dt$ 的系数为负且稳健，这里不再具体说明。核心解释变量 $du \times dt$ 系数显著为正，说明对外直接投资显著促进母国中端技术企业增加值份额的上升。关于其他控制变量。劳动生产率、企业经营年限以及员工工资水平的系数显著为正，说明劳动生产率越高、企业经营时间越久、员工的工资水平越高都会显著促进企业增加值份额的提升。与高端技术企业检验有所不同的是，企业是否出口的哑变量系数为负，且显著，这表明在中端技术企业中，出口企业的增加值份额越低，这主要是因为中端技术企业出口中有一部分是为了转移落后产能、避免国内激烈的市场竞争而"走出去"的企业，因此在中端技术企业中，出口的企业未必增加值份额越高。

低端技术企业的检验结果第5—6列，发现 $du$ 系数为负，但不显著，说明在不考虑时间维度、地区特征和行业特征的情况下，低端技术对外直接投资企业的增加值份额与对照组并无显著差异。$dt$ 的系数为负，但不显著，说明不考虑企业是否对外直接投资的影响时，在低端技术企业中实验组和对照组企业的市场份额并没有出现明显的变化趋势。核心解释变量 $du \times dt$ 为正，但不显著，说明低端技术企业对外直接投资并没有对增加值份额变化产生明显影响。这是因为低端技术企业对外直接投资多是通过转移过剩和落后产能以释放母国生产要素和资源的方式来支撑和促进母国企业制造业的发展,而在中国,低端制造业的外移多投资于政治、经济动荡的非洲、拉丁美州地区,前期的投资成本和风险大大提高,导致这类对外直接投资企业短期内难以从根本上增加企业的核心竞争力,因此对企业增加值份额的影响并不显著。

综上,由于企业对外直接投资显著促进了高端技术企业、中端技术企业市场份额的提升,而对低端技术企业的市场份额的影响并不明显。由此得出结论:企业对外直接投资显著促进了制造业产业升级。

表5—16 初始检验

|  | 高端技术企业(H) | | 中端技术企业(M) | | 低端技术企业(L) | |
| --- | --- | --- | --- | --- | --- | --- |
|  | (1) | (2) | (3) | (4) | (5) | (6) |
| $du$ | -0.001*** | 0.001 | -0.001 | 0.001*** | -0.002 | 0.002 |
|  | (-2.95) | (0.60) | (-0.96) | (3.98) | (-0.65) | (1.43) |
| $dt$ | -0.001*** | -0.001*** | -0.002*** | -0.001*** | -0.006 | -0.007 |
|  | (-3.04) | (-2.84) | (-3.95) | (-5.36) | (-0.74) | (-1.08) |
| $du \times dt$ | 0.001*** | 0.001*** | 0.003*** | 0.001*** | 0.001 | 0.007 |
|  | (2.81) | (3.64) | (2.99) | (2.95) | (1.58) | (0.88) |
| w | 0.033*** | 0.029*** | 0.024*** | 0.037*** | 0.027*** | 0.024*** |
|  | (4.70) | (4.12) | (9.66) | (5.63) | (3.61) | (3.27) |
| scale | 0.001 | 0.003** | 0.002*** | -0.007 | 0.004*** | 0.004*** |
|  | (0.93) | (2.45) | (10.72) | (-0.73) | (8.32) | (7.60) |
| kshare | 0.005** | 0.003 | 0.007*** | 0.006 | 0.009*** | 0.005*** |
|  | (2.48) | (1.21) | (12.33) | (1.15) | (14.04) | (12.50) |
| labor | 0.006*** | 0.006*** | 0.012 | -0.011* | -0.042** | -0.038** |
|  | (15.18) | (22.52) | (0.88) | (-1.81) | (-2.41) | (-2.03) |

续表

|  | 高端技术企业（H） | | 中端技术企业（M） | | 低端技术企业（L） | |
| --- | --- | --- | --- | --- | --- | --- |
|  | (1) | (2) | (3) | (4) | (5) | (6) |
| age | 0.013 | 0.003** | -0.001 | 0.004*** | 0.001*** | 0.085*** |
|  | (1.57) | (2.25) | (-0.13) | (3.63) | (6.47) | (4.59) |
| lprod | 0.003*** | 0.003*** | 0.036*** | 0.005*** | -0.001*** | -0.002 |
|  | (7.07) | (7.68) | (28.16) | (6.26) | (-3.43) | (-0.55) |
| dummy_export | 0.001*** | 0.001** | -0.002*** | -0.001*** | -0.004* | -0.005 |
|  | (3.31) | (2.41) | (-23.80) | (-4.32) | (1.89) | (-1.06) |
| dummy_con | -0.007*** | -0.007*** | 0.002 | 0.004 | 0.004 | 0.005* |
|  | (-3.86) | (-3.58) | (0.94) | (1.34) | (1.50) | (1.86) |
| Dummy_fdi | -0.003** | -0.002 | 0.004** | -0.002 | 0.006* | 0.004 |
|  | (-2.16) | (-1.64) | (2.02) | (-0.45) | (1.73) | (1.43) |
| constant | -0.001*** | -0.011*** | -0.002*** | 0.008 | -0.004*** | -0.004*** |
|  | (-4.43) | (-9.19) | (-13.28) | (0.86) | (-9.70) | (-8.65) |
| N | 919 | 919 | 341 | 341 | 1246 | 1246 |
| Year | 否 | 是 | 否 | 是 | 否 | 是 |
| Region | 否 | 是 | 否 | 是 | 否 | 是 |
| Industry | 否 | 是 | 否 | 是 | 否 | 是 |
| adj. $R^2$ | 0.826 | 0.847 | 0.813 | 0.902 | 0.499 | 0.581 |
| F 值 | 28.19 | 13.92 | 3.30 | 94.31 | 250.08 | 124.57 |

注：***、**、* 分别表示1%、5%、10%水平上显著；year、region、industry 分别表示年份、地区和行业固定效应。

资料来源：作者自制。

## （二）分国家检验

影响企业对外直接投资对制造业升级的因素中，投资东道国是一个很重要的因素。投资于发展中国家的"顺向"ODI与投资于发达国家的"逆向"ODI所产生的逆向技术外溢不仅取决于东道国的发展水平，也同时与企业自身的技术吸收能力相关。在现实世界中，投资于发达国家的企业更有可能接触到当今世界最先进的技术和管理理念，因而产生的技术外溢应更加明显，但承接企业中，高端、中端、低端技术企业的承接能力则不尽相同，因而体现在不同技术类型企业投资于同一类型国家对母国企业所带来的"技术进步效应""市场扩张效应"也是不同的，导致对增加值份额的影响不尽相同。具体检验结果见表5—17中的第7—9列。第7列中核心解释变量显著为正，说明高端技术企业投资于发达国家有利于母国企业的增加值份额显著提升，这是由于高端技术企业具有较强的技术承接力，跨过了技术"门槛"水平，实现了对ODI逆向技术外溢效应的充分利用，进而提升自身的核心竞争力和增加值市场份额。第8列和第9列的核心解释变量为正，但不显著，说明向发达国家投资的中端和低端技术企业的增加值市场份额并未有明显变化。原因在于只有当技术承接企业本身的技术能力达到一定水平之后，才能对发达东道国所带来的先进技术进行有效的学习吸收和模仿（李梅，2012），而中低端技术制造业自身技术承接能力有限，无法迈过技术"门槛"，因此这类企业对外直接投资无法带来母国企业技术水平、市场竞争能力的变革。综上所述，得出结论，投资于发达国家有助于促进母国制造业产业升级。其余控制变量结果较为稳健，这里不再详述。

表 5—17 分国家检验

| | 发达国家 | | | 发展中国家 | | |
|---|---|---|---|---|---|---|
| | 高端技术企业（H） | 中端技术企业（M） | 低端技术企业（L） | 高端技术企业（H） | 中端技术企业（M） | 低端技术企业（L） |
| | (7) | (8) | (9) | (10) | (11) | (12) |
| $du$ | 0.001 | 0.002 | 0.005 | 0.003* | 0.002*** | -0.002 |
| | (0.91) | (0.10) | (1.55) | (1.93) | (4.24) | (-0.18) |
| $dt$ | -0.001*** | -0.001 | -0.006 | -0.001** | -0.002*** | -0.006 |
| | (-3.06) | (-1.36) | (-0.73) | (-2.41) | (-6.90) | (-0.90) |
| $du \times dt$ | 0.001*** | 0.002 | 0.002 | 0.005 | 0.001*** | 0.007 |
| | (2.96) | (1.44) | (0.16) | (0.81) | (3.15) | (1.58) |
| w | 0.026*** | 0.029 | 0.032*** | -0.082*** | 0.035*** | 0.072** |
| | (4.54) | (0.26) | (2.62) | (4.28) | (7.98) | (2.22) |
| scale | 0.002*** | 0.002*** | 0.002*** | -0.006** | -0.005*** | 0.002*** |
| | (5.51) | (6.78) | (5.20) | (-2.05) | (-3.07) | (4.58) |
| kshare | -0.083 | -0.025 | 0.004*** | 0.003* | 0.001*** | 0.001 |
| | (-1.20) | (-0.57) | (6.28) | (1.79) | (4.06) | (1.19) |
| labor | 0.001*** | 0.003*** | -0.013 | 0.078*** | 0.016*** | 0.063 |
| | (11.52) | (17.94) | (-0.88) | (12.81) | (3.33) | (0.73) |
| age | 0.014*** | 0.051*** | 0.073*** | 0.048*** | 0.018 | 0.067* |
| | (4.37) | (6.88) | (2.99) | (2.66) | (1.21) | (1.79) |
| lprod | 0.002*** | 0.006*** | 0.002*** | 0.003*** | 0.001*** | 0.007** |
| | (11.52) | (8.47) | (4.58) | (17.85) | (11.34) | (2.43) |
| dummy_export | -0.003 | -0.001 | -0.001*** | -0.003 | -0.002*** | -0.002 |
| | (-0.81) | (-1.63) | (-3.24) | (-0.60) | (-5.52) | (-0.05) |
| dummy_con | -0.007 | 0.006*** | 0.005*** | -0.001*** | 0.002 | 0.004 |
| | (-1.22) | (2.67) | (2.84) | (-2.93) | (1.01) | (0.16) |

续表

|  | 发达国家 ||| 发展中国家 |||
| --- | --- | --- | --- | --- | --- | --- |
|  | 高端技术企业（H） | 中端技术企业（M） | 低端技术企业（L） | 高端技术企业（H） | 中端技术企业（M） | 低端技术企业（L） |
|  | (7) | (8) | (9) | (10) | (11) | (12) |
| dummy_fdi | -0.007 | -0.017 | 0.001 | -0.001* | 0.009* | 0.009*** |
|  | (-1.10) | (-0.37) | (0.24) | (-1.97) | (1.71) | (4.86) |
| constant | 0.001 | 0.009*** | -0.004*** | 0.003 | 0.003*** | -0.002*** |
|  | (0.55) | (3.68) | (-6.48) | (0.17) | (3.02) | (-6.69) |
| N | 443 | 166 | 663 | 459 | 175 | 586 |
| Year | 是 | 是 | 是 | 是 | 是 | 是 |
| Region | 是 | 是 | 是 | 是 | 是 | 是 |
| Industry | 是 | 是 | 是 | 是 | 是 | 是 |
| adj. $R^2$ | 0.738 | 0.807 | 0.593 | 0.916 | 0.933 | 0.754 |
| F 值 | 8.45 | 282.34 | 29.28 | 44.82 | 39.03 | 8.45 |

注：***、**、*分别表示1%、5%、10%水平上显著；year、region、industry 分别表示年份、地区和行业固定效应。

资料来源：作者自制。

与投资于发达国家相区别，投资于发展中国家更易接近廉价的生产要素和资源，因而更易实现"产业转移效应"和"资源补缺效应"，而不同技术类型的企业对此的承接能力则不尽相同，具体检验结果见表5—17中的第10—12列。第10列的核心解释变量系数为正，但不显著，即向发展中国家投资的高端技术企业的增加值份额并未有明显的变化。这是因为高端技术企业对发展中国家进行"顺梯度"ODI主要是为了获取更广阔的海外市场，实现"规模效应"，降低生产成本，取得核心竞争力，但由于发展中东道国的制度环境

(吴先明等，2015)、金融发展程度（余官胜，2015）以及文化冲突（黄凌云等，2014）在一定程度上挤出了ODI母国带来的正面效应，这一"挤出效应"在高端技术企业进驻发展中东道国时表现最为明显（邓富华等，2013），导致高端技术企业ODI的"结构变动效应"并不显著。第12列核心解释变量系数为正，但也不显著，说明向发展中国家投资的低端技术企业并不显著影响其增加值份额的变化。这是因为低端技术企业对发展中国家海外投资主要是为了实现产业转移，并未对母国企业的核心竞争力产生影响，因此对其增加值份额影响并不明显。第11列核心解释变量系数显著为正，即投资于发展中国家的中端技术企业有利于促进自身核心竞争力的提高，进而促进增加值份额提升。综上，投资于发展中国家对母国制造业产业升级的作用并不明显。

### 四、小结

尽管已有大量文献对企业对外直接投资与产业结构升级的关系进行研究，但大多基于宏观或中观视角来探讨ODI对产业间结构升级的影响。虽也有少量文献业探讨过ODI对产业内升级的影响，但限于数据获得，基本以理论分析为主。本节则运用高度细化的中国工业企业数据库和对外直接投资统计名录首次从微观层面考察了企业对外直接投资对制造业产业内结构升级的影响。在研究方法上，我们采用马氏距离匹配法和倍差法模型以期能准确估计出对外直接投资对企业所占行业份额的真实影响，进而判断企业ODI对制造业产业内升级的影响。本节的研究表明，企业对外直接投资显著地增加了制造业中高端技术企业的市场份额，促进了制造业产业升级。此外，通过对投资东道国进行分类检验，得出企业对外直接投资于发达国家有利于促进制造业产业升级，投资于发展中国家则对制造业产业升级的效应不明显。

# 第六章 中国对外直接投资的产业间结构效应——基于宏观和中观视角

前面第四章从理论上探讨了对外直接投资对产业结构升级调整的理论机制,并在第五章对中国制造业企业对外直接投资的产业内结构效应进行了实证检验。本章则从宏观和中观视角探讨中国对外直接投资对产业间结构升级的影响。本章以中国对外直接投资的宏观数据和行业数据为研究对象,实证检验中国对外直接投资对产业间结构升级的影响作用。本章重点考察三个问题:一是对外直接投资与产业间结构升级是否存在相关性,二是对外直接投资对产业间结构升级的影响是否遵循某种规律,三是这种影响是通过何种机制来进行的。

## 第一节 中国对外直接投资与产业间结构升级的非线性 Granger 检验

本书第四章的理论分析已得出 ODI 会影响产业结构变动,那么实证与理论是否相符呢？为了初步厘清 ODI 与产业间结构升级之间的关系，本节我们采用非线性 Granger 因果检验方法对 1982—2012 年时间序列数据进行实证检验。同时，由于跨国企业的全球性生产活动中的跨国投资主要包含接受的外商直接投资和流出的对外直接投资两大类，本节在实证的过程中对 FDI 和 ODI 同时进行分析，以此来考虑内向 FDI 和外向 ODI 的区别。

## 一、指标的选取说明和数据来源

衡量一国产业结构水平的评价指标可归纳为两类：（1）通过测度各产业的比例关系来反映产业结构，也即根据克拉克定律用第二、第三产业产值比重作为产业结构升级水平指标，如陈静（2003）、干春晖（2011）等；（2）以各产业部门产出占比和劳动生产率的乘积作为产业结构升级水平指标的度量，如刘伟等（2008）、田新民等（2012）、韩永辉等（2013）等。本节采用韩永辉等（2013）在上述指标基础上改良后的方法：①

$$H = \sum_{i=1}^{n}(Y_{it}/Y_{t})(LP_{it}/LP_{if})$$

其中，$Y_{it}$ 代表 i 产业部门在 t 时间内的总产出，$LP_{it}$ 为第 i 产业部门在 t 时间内的劳动生产率，$LP_{if}$ 为第 i 产业在完成工业化后的劳动生产率，终点的选择标准参照 Chenery et al.（1986），n 为产业部门总数，本节的 n 取 3，指三大产业。产业结构水平指标所用数据来

---

① 改良的指标可判断一国不同时期的工业化进程，同时也解决了量纲问题，在刻画产业比例变化的同时，也将产业生产率的变化表现出来。

源《中国统计年鉴》《新中国 60 年统计资料汇编》《中国劳动统计年鉴》，Y 采用 2005 年价格和汇率不变价的真实值。

外商直接投资 FDI 和对外直接投资 ODI 选取 1982—2012 年中国实际流量数值来表示，数据来源于联合国贸易与发展会议统计数据库。

## 二、单位根检验

首先对变量进行单位根检验，结果见表 6—1，可知各个变量都存在单位根，但他们的一阶差分在 5% 的显著水平上都拒绝了"存在单位根"或接受"平稳序列"的原假设。可见，各个时间序列均为非平稳的 I（1）过程。

表 6—1　单位根检验

| 变量 | ADF | PP | DF-GLS | KPSS | 单位根 |
| --- | --- | --- | --- | --- | --- |
| ODI | −1.96 | −3.52 | −1.65 | 0.73 | 存在 |
| FDI | −0.93 | −2.11 | −1.17 | 3.26 | 存在 |
| H | 0.93 | 0.87 | −0.56 | 31.64 | 存在 |
| △ODI | −0.83*** | −6.13*** | −6.15*** | 0.04*** | 不存在 |
| △FDI | −9.11*** | −7.72*** | −3.54*** | 0.32*** | 不存在 |
| △H | −5.28*** | −5.43*** | −1.92** | 0.04** | 不存在 |

注：表格中的数字表示对应的统计量，***、** 及 * 分别表示在 1%、5% 及 10% 上的显著水平。

资料来源：作者自制。

## 三、非线性检验

在对 ODI、FDI 以及产业结构水平的非线性关系进行分析之前，我们首先需要通过非线性检验，进而可以检验出产业结构水平在国际投资中是否存在某种非线性的动态变化趋势。基于此，本书首先采用最优的 VAR 模型分别对 ODI、FDI 与产业结构水平相互影响的关系进行估计，以滤过其线性成分。[①] 使用 BDS、RESET、McLeod Li 三种检验方法对滤过线性部分的残差序列进行非线性检验，表6—2。由表6—2中结果可知，无论使用哪种检验方法，大多数检验统计量均显著地拒绝线性原假设，由此我们认为，由于国际金融危机、制度约束、经济周期波动，以及技术进步等因素的冲击，ODI、FDI 分别与"产业结构"在相互作用的过程中呈现显著的非线性动态变化趋势。

## 四、非线性 Granger 因果检验

随着非线性领域的不断发展，传统的 Granger 检验将无法检验出变量间的非线性因果关系，更重要的是采用 Granger 因果检验会由于忽略了变量间的非线性关系，产生显著偏差（Hiemstra and Jones, 1994; Zhou et al., 2009）。鉴于此，为了进一步考察外资与产业结构水平的非线性关系，对 ODI 与产业结构水平和 FDI 与产业结构水平

---

① 与 Hsieh, 1991; Mougou, 2008; 杨子晖, 2010 的研究方法相一致。

## 第六章 中国对外直接投资的产业间结构效应——基于宏观和中观视角

**表 6—2　非线性检验**

| 基于 VAR 系统中 FDI 的回归残差 ||| 基于 VAR 系统中 ODI 的回归残差 |||
|---|---|---|---|---|---|
| BDS 检验 | McLeod-Li 检验 | RESET 检验 | BDS 检验 | McLeod-Li 检验 | RESET 检验 |
| 3.193*** | 13.453** | 6.278** | 2.601** | 15.905** | 5.839* |
| (0.000) | (0.041) | (0.044) | (0.013) | (0.019) | (0.069) |
| 基于 VAR 系统中产业结构的回归残差 1 ||| 基于 VAR 系统中产业结构的回归残差 2 |||
| BDS 检验 | McLeod-Li 检验 | RESET 检验 | BDS 检验 | McLeod-Li 检验 | RESET 检验 |
| 5.372*** | 36.453*** | 0.240 | 1.781* | 1.280 | 7.839** |
| (0.000) | (0.000) | (0.887) | (0.084) | (0.999) | (0.025) |

注：(1) 各个双变量 VAR 模型的最优滞后阶数根据 AIC 信息准则选定。(2) "基于 VAR 系统中 FDI 的回归残差"是指双变量 VAR 模型中以 FDI 作为被解释变量所获得的回归残差；"基于 VAR 系统中 ODI 的回归残差"是指双变量 VAR 模型中以 ODI 作为被解释变量所获得的回归残差；"基于 VAR 系统中产业结构的回归残差 1"是指 FDI 与产业结构双变量 VAR 模型中以产业结构作为被解释变量所获得的回归残差；"基于 VAR 系统中产业结构的回归残差 2"是指 ODI 与产业结构双变量 VAR 模型中以产业结构作为被解释变量所获得的回归残差。(3) ***、**及*分别表示在 1%、5% 及 10% 显著性水平上拒绝"线性"的原假设。

资料来源：作者自制。

展开深入的分析与论证，本节采用 Hiemstra and Jones (1994) 提出的非线性 Granger 检验方法，对 ODI、FDI 与产业结构水平的相互影响关系展开进一步研究。与 Diks (2008)、杨子晖 (2010) 等的研究方法雷同，我们对经过 VAR 过滤掉的"线性成分"后的残差序列进行检验，并将基于共同滞后阶数（$L_x = L_y$）1—8 期列于表 6—3。

表6—3 基于VAR线性过滤的非线性Granger因果检验

| $L_x = L_y$ | 原假设：FDI不是产业结构水平的非线性Granger因果原因 | | 原假设：产业结构水平不是FDI的非线性Granger因果原因 | | 原假设：ODI不是产业结构水平的非线性Granger因果原因 | | 原假设：产业结构水平不是ODI的非线性Granger因果原因 | |
|---|---|---|---|---|---|---|---|---|
| | H-J检验统计量 | P值 | H-J检验统计量 | P值 | H-J检验统计量 | P值 | H-J检验统计量 | P值 |
| 1 | -0.112 | 0.544 | 0.807 | 0.209 | -0.719 | 0.764 | -1.158 | 0.876 |
| 2 | 0.463 | 0.321 | -0.588 | 0.721 | -1.230 | 0.890 | 0.106 | 0.457 |
| 3 | 1.079 | 0.140 | -0.656 | 0.744 | -1.392 | 0.918 | 1.359 | 0.861 |
| 4 | 1.286 | 0.099* | -0.478 | 0.683 | -0.940 | 0.826 | 1.377 | 0.824 |
| 5 | 1.261 | 0.083* | -0.028 | 0.511 | -0.912 | 0.819 | 1.440 | 0.734 |
| 6 | 1.381 | 0.083* | 1.563 | 0.509 | -0.949 | 0.828 | 1.541 | 0.611 |
| 7 | 0.915 | 0.080* | 1.307 | 0.505 | -0.713 | 0.076* | 1.394 | 0.821 |
| 8 | 0.840 | 0.020** | 1.296 | 0.597 | 0.436 | 0.033** | 1.478 | 0.609 |

注：(1) $L_x = L_y$ 表示检验中残差序列的滞后阶数；(2) ***、**及*分别表示在1%、5%及10%上的显著水平。

资料来源：作者自制。

由表6—3的检验结果可知，中国存在着从FDI到产业结构水平的非线性Granger因果关系，即中国FDI对产业结构调整有着显著且稳健的非线性影响。这是因为：一方面，FDI通过产品竞争效应促进中间品种类增多、产品竞争加剧，从而增加了中间品部门和最终品部门的资本要素需求（Lucas，1990），通过技术溢出效应增加了研发部门对资本要素需求；另一方面，外资效应带来的资本积累增加直接导致各部门的资本要素相对需求发生变化（殷德生，2012），三种效应共同作用带来资本密集型产业迅速发展，从而导致产业结构水平提升，这一流程如图6—1所示。

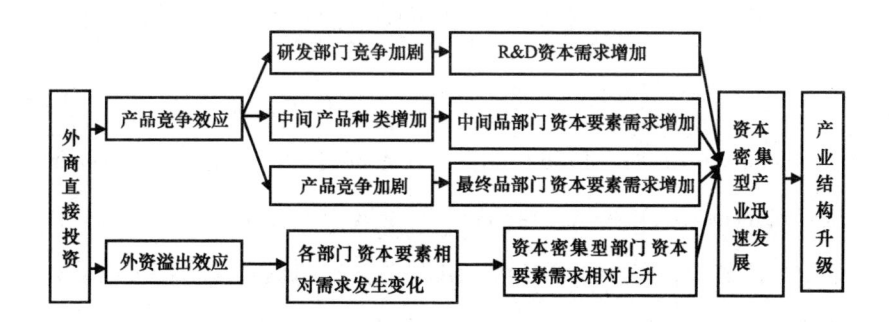

**图6—1  FDI促进产业升级的传导机制**

资料来源：作者自制。

表6—3结果也显示中国ODI和产业结构升级存在非线性关系，但这种非线性关系具有明显的时滞。这说明有关ODI通过"逆向技术溢出""干中学"来促进母国产业结构升级的论断在中国需要较长时间才能有所显现。这一方面是因为中国对外直接投资中战略资产寻求型ODI约占一半，[①] 而战略资产寻求型ODI一般投资规模较大，回报周期长，因此其对产业结构的促进作用在短期往往难以显现（贾妮莎等，2014）；另一方面是因为中国地域、行业发展不平衡，ODI所产生逆向溢出效应分布不均（李梅等，2012），导致ODI对产业结构的促进效用在短期内有所抵消。中国ODI的特性以及逆向溢出效应所呈现出的地区和行业间差异导致其对产业结构升级的非线性Granger关系具有明显的滞后。

---

[①]《2013年世界投资报告》资料显示，中国跨国收购类ODI累计额2011年和2012年分别达到272亿和434亿美元，各自占同期对外直接投资总额的36.4%和49.4%，获取国外先进技术、知识产权和品牌等战略资产成为了并购投资的重要因素。

## ◆ 第二节 中国双向 FDI 的产业结构效应变化趋势 ◆

Dunning（1981、1986）的投资发展路径理论（IDP，Investment Development Path）指出，伴随着经济发展和人均 GNP 的提高，一国的对外净直接投资（即 ODI 和 FDI 的差额）将沿着某种特定的路径变化，并先后经历五个发展阶段[①]（如图 6—2）。Cantwell 和 Tolentino（1987）在 Dunning 的基础上，提出"技术创新产业升级理论"，他们指出，发展中国家的产业结构升级是技术能力稳定提高的一个表现，而企业技术能力的提高则与其利用外商直接投资（FDI）和对外直接投资（ODI）密切相关。经过 30 多年对外开放，中国已成为世界国际直接投资大国。1982 年，外商直接投资（IFDI）和对外直接投资（ODI）占全球比重仅为 0.74% 和 0.16%，占发展中国家比重也仅为 1.63% 和 1.65%。但到了 2012 年，中国利用外商直接投资 IFDI 已达 1210.8 亿美元，占全球比重 8.96%，占发展中国家比重达 17.2%，是全球外资流入量最大的发展中国家；同年对外直接投资 ODI 已达 842.2 亿美元，占全球比重 6.1%，占发展中国家比重达

---

[①] 第一阶段 ODI 与 FDI 的数额都很小，其对外净投资额几乎接近于零；第二阶段国家吸收 FDI 开始增长，而 ODI 仍处于相对较低的水平，其对外净投资额小于零且绝对值不断增加；第三阶段国家以吸收 FDI 增速放缓而 ODI 增速加快为标识，对外净投资额开始转为正增长，但仍然为负值；第四阶段 ODI 流出大于 FDI 流入，且前者增速高于后者，对外净投资额为正且不断增加；第五阶段，对外净投资先下降，随后围绕零水平上下波动，同时伴随大规模、高效率的资本流入和流出。

19.7%。① 在此背景下，深入研究中国双向 FDI 的产业结构升级效应的变化，探索如何在"引进来"和"走出去"战略相结合的基础上制定新型对外开放战略以促进产业结构优化升级和宏观经济持续发展，具有重要的理论和现实意义。这也是本节所关心的主题。

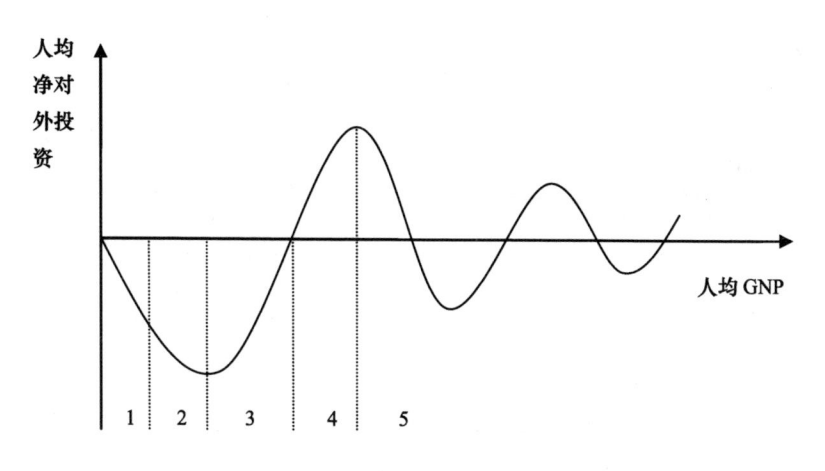

图 6—2　投资发展路径五个阶段

资料来源：作者自制。

一、影响机制

国际直接投资包含了资本、技术、管理经验和人力资源在内的一系列生产要素的总体转移，流动形式复杂多样。Dunning（1993）将 FDI 概括为四种类型，市场寻求型、效率寻求型、资源寻求型和战略性资产寻求型，不同类型的 FDI 流入和流出对一国的产业结构

---

① 数据来源：联合国贸易与发展委员会。

升级的影响机制并不相同。本节基于东道国和投资国双重视角，着重研究双向 FDI 对产业结构影响的传导机制。

## （一）IFDI 对产业结构升级的影响机制

产业结构促进效应机制。对于发展中国家而言，随着 FDI 的流入，往往伴随着先进生产设备和技术的引进，这将有利于提高东道国的产业结构和竞争力。在 IFDI 是市场寻求型的情况下，跨国公司通过扩展东道国原有的产品市场，以自身的品牌效应、销售经验、先进生产设备技术和分销渠道与东道国的原有产业形成竞争，通过技术外溢效应、产品竞争效应和示范效应"倒逼"东道国企业改进生产技术、改善竞争环境、降低生产成本，从而促进产业结构升级。在 IFDI 是效率寻求型的情况下，东道国通过融入全球产业链分工格局促进其自身制造加工业迅速发展，也从整体上助推了发展中国家的工业化进程。在 IFDI 是资源寻求型的情况下，跨国公司通过从东道国进口原材料在东道国以外加工生产，转型为直接在东道国设厂加工生产，带来的先进技术以促进东道国资源密集型行业发展，推动了东道国的产业升级。

产业结构抑制效应机制。对于发展中国家而言，IFDI 虽能快速促进产业发展，但由于其多为低端加工制造业，也同时附带了环境污染、抑制劳动生产率提高等问题，从长期看，IFDI 很可能成为抑制东道国产业结构再升级的瓶颈。例如，资源寻求型 IFDI 带来的先进技术的确促进了东道国资源密集型行业发展，但长期来看，可能会在一定程度上延缓发展中国家的工业化进程，甚至为东道国带来严重的生态危机或者"资源诅咒"。

## (二) ODI 对产业结构升级的影响机制

产业结构促进效应机制。对于发展中国家而言，不同类型的 ODI，对产业结构的影响机制有所区别。市场寻求型 ODI 为扩大和开辟海外市场，通过满足东道国市场的多样化需求，推动东道国子公司的产品升级，而海外市场销售量的增加也给母公司带来了规模经济，降低了平均生产成本，促进了企业的流程升级，最终推动了母国产业整体升级。战略资产寻求型 ODI 促进母国的产业升级，主要是通过投资目的国的产业集聚效应、与当地企业的前后向关联效应以及协同效应产生反向的技术溢出而实现。资源寻求型 ODI 则是通过开发利用东道国资源，保障母国供给，为母国的重工业化提供大量必要的资源要素。技术寻求型 ODI 主要流向发达国家的高新技术产业，通过获取知识、人才和国际技术的逆向溢出，提高母国企业的技术水平、自主创新能力和竞争力，促进母国产业升级。

产业结构抑制效应机制。对于发展中国家而言，由于战略寻求型 ODI 一般投资规模较大，回报周期长，其对产业结构的促进作用在短期往往难以显现。在新产业还没获取自生能力的情况下，由于资源寻求型 ODI 和效率寻求型 ODI 使产业资源部分往国外转移，引发了行业或地区性产业空白（樊纲，2003），这造成了母国生产和就业水平的短期下降，也诱发了技术流失、税源转移等现象，造成了母国产业竞争力的衰退。

## 二、模型和变量选择

综上分析可知,发展中国家双向 FDI 对产业结构升级的影响机制和渠道是多元的,综合效果是复杂的。那么,中国双向 FDI 对产业结构优化升级具有怎样的影响效应?中国应如何协调发展 IFDI 和 ODI,以促进产业结构的持续优化升级?下面采用中国 1982—2012 年时间序列数据,利用协整检验、误差修正模型和脉冲响应,对中国双向 FDI 的产业结构升级效应进行实证分析。

### (一) 实证模型构建

本节在钱纳里提出的适用于不同经济发展水平的"标准结构"产业变动模型的基础上,研究双向 FDI 对产业结构升级的影响,模型设定如下:

$$H = \alpha + \beta_1 Y + \beta_2 (Y)^2 + \gamma_1 N + \gamma_2 (N)^2 + \sum \delta_i T_i + \varphi F \ldots \tag{6—1}$$

其中,$H$ 表示产业结构发展水平,$Y$ 表示国民生产总值,$N$ 表示人口总数,$T$ 表示时间趋势,$F$ 表示资源和生产要素的流动,如资本流入流出、进出口、储蓄等。本节将钱纳里模型扩展到开放环境,也即假定所有国家都处于国际贸易中且存在资本流动,把跨国资本流动对产业结构的影响因素考虑进模型。在经典钱纳里"标准结构"模型(6—1)式的基础上,添加变量 IFDI 和 ODI,修正后的模型可表示为:

$$\ln SR = \alpha + \beta \ln Y + \varphi_1 \ln IFDI + \varphi_2 \ln ODI + \varepsilon \quad (6—2)$$

$$\ln SH = \alpha + \beta \ln Y + \varphi_1 \ln IFDI + \varphi_2 \ln ODI + \varepsilon \quad (6—3)$$

这里被解释变量产业结构水平 $H$ 用产业结构合理化 $SR$ 和高度化 $SH$ 指标来表示，$IFDI$ 和 $ODI$ 反映资本的流动。在不改变原序列性质和相互关系的前提下，通过对数变换减轻异方差等误差因素的干扰。

**（二）实证变量选择和数据来源**

被解释变量：分别用 $SR$ 和 $SH$ 来表示产业结构的高度化和合理化水平。关于定量产业结构高度化和合理化的方法有多种，目前还没有达成一致。

对产业结构合理化的评价标准可归纳为基准比较法、"自组织能力"测度法、资源配置测度法三类。本书采用韩永辉等（2013）的方法，在产业结构偏离度的基础上，提出测度产业结构合理化的新模型（6—4）式，既保留了产业结构偏离度的优点，又通过产值加权体现了各产业的重要程度。

$$SR = \sum_{i=1}^{n} \left( \frac{Y_i}{Y} \right) \left| \frac{Y_i/L_i}{Y/L} - 1 \right| \quad (6—4)$$

$Y$ 表示产出，$L$ 表示劳动投入，$i$ 表示第 $i$ 产业部门，$n$ 为产业部门总数。其中 $SR$ 值越大，说明经济越偏离均衡状态，产业结构越不合理；$SR$ 值越接近于零，产业结构越合理。

产业结构高度化的评价标准可归为两类：（1）通过测度各产业的比例关系来反映产业结构高度，也即根据克拉克定律用第二、第三产业产值比重作为产业结构高度的度量，如陈静（2003）、干春晖（2011）等。（2）以各产业部门产出占比和劳动生产率的乘积作为产业结构高度的度量。如周昌林等（2007）、刘伟等（2008）、田新民等（2012）等。本节采用韩永辉等（2013）在上述指标基础上改良后的方法：

$$SH = \sum_{i=1}^{n} S_{it} * (LP_{it}/LP_{if}) \quad (6—5)$$

其中，$S_{it}$ 代表 $i$ 产业产值在 $t$ 时间内占总产出的比重，$LP_{it}$ 代表 $i$ 产业 $t$ 时间内的劳动生产率，即 $i$ 产业增加值与该产业就业人数的比重。$LP_{if}$ 为 $i$ 产业完成工业化后的劳动生产率。劳动生产率高的产业产值占总产出的比重越高，说明产业结构高度化水平越高，$SH$ 值越大。改良的高度指标可判断一国不同时期的工业化进程，同时也解决了量纲问题，在刻画产业比例变化的同时，也将产业生产率的变化表现出来。

产业结构合理化（$SR$）和高度化（$SH$）指标中所用数据来源于《中国统计年鉴》《新中国 60 年统计资料汇编》《中国劳动统计年鉴》，$Y$ 采用以 2005 年价格和汇率为不变价的真实值。

解释变量：外商直接投资 $IFDI$ 和对外直接投资 $ODI$，选取 1982—2012 年中国的外商直接投资流量和对外直接投资流量，数据来源于联合国贸发会议（UNCTAD）数据库。

控制变量：借鉴钱纳里模型，控制变量选取国内生产总值（$Y$）。

### 三、实证结果分析

#### （一）时间序列变量的平稳性检验

为避免时间序列可能存在的伪回归，应对所涉及的时间序列进

## 第六章 中国对外直接投资的产业间结构效应——基于宏观和中观视角

行平稳性检验。首先，分析序列趋势图，可以初步判定，原始序列变量有某种上升或下降趋势（图6—3），是不平稳的，但一阶差分序列变量不具有上升或下降趋势（图6—4），是平稳的。进而，对时间序列进行 ADF、PP、DF-GL 单位根检验。通过表6—4可知各个变量都存在单位根，一阶差分在5%的显著水平上都拒绝了"存在单位根"或接受"平稳序列"原假设。可见，各个时间序列均为非平稳的 $I(1)$ 过程。

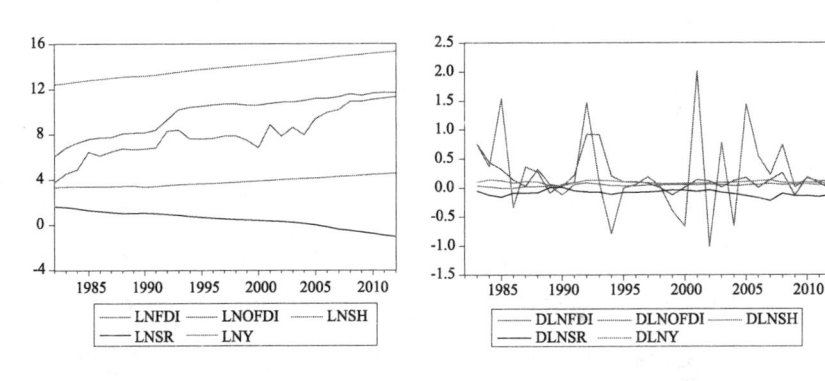

**图6—3 原始序列趋势图**

资料来源：作者自制。

**图6—4 一阶差分序列趋势图**

资料来源：作者自制。

**表6—4 时间序列变量的单位根检验结果**

| 变量 | ADF | PP | DF-GLS | KPSS | 单位根 |
| --- | --- | --- | --- | --- | --- |
| Ln$SH$ | -1.631 | 0.097 | -0.578 | 0.163 | 存在 |
| DLn$SH$ | -5.221** | -4.142** | -3.291** | 0.059** | 不存在 |
| Ln$SR$ | -2.091 | -1.051 | 1.475 | 0.733 | 存在 |
| DLn$SR$ | -3.305* | -1,837* | -2.386* | 0.281** | 不存在 |
| Ln$IFDI$ | -1.914 | -2.87 | -0.122 | 0.502 | 存在 |

续表

| 变量 | ADF | PP | DF-GLS | KPSS | 单位根 |
| --- | --- | --- | --- | --- | --- |
| $DLnIFDI$ | -3.423** | -3.453** | -2.484** | 0.365* | 不存在 |
| $LnOFDI$ | -1.059 | -1.382 | 0.260 | 45.998 | 存在 |
| $DLnOFDI$ | -7.895** | -7.895** | -7.489** | 0.075** | 不存在 |
| $LnY$ | 0.046 | -1.777 | 0.189 | 1.198 | 存在 |
| $DLnY$ | -4.42** | -3.902** | -4.473** | 0.081** | 不存在 |

注：表格中的数字表示对应的统计量，** 及 * 分别表示在1%和5%水平上显著。
资料来源：作者自制。

## （二）协整分析

根据协整理论，如果一组同阶单整的非平稳时间序列存在一个平稳的线性组合，那么这组序列就是协整的，即它们之间存在长期稳定的均衡关系。为确定变量之间是否存在协整关系，本节采用著名计量经济学家约翰森（Johansen）与尤塞（Juselius）提出的VAR协整系统检验方法（JJ协整检验），在VAR系统下用极大似然估计来检验多变量之间的协整关系。在进行协整检验之前，先根据AIC和SC最小准则来确定最优滞后期，然后利用Cochrane-Orcutt和CU-SUMS方法修正随机残差自相关，以保证正态性和稳健性。经检验确定产业结构合理化指标序列滞后阶数为2，选项为3①，检验结果见表6—5。产业结构高度化序列滞后阶数为2，选项为2②，检验结果见表6—6。

---

① 选项3：协整空间有常数项、无时间趋势项。
② 选项2：协整空间有常数项、无时间趋势项，数据空间无常数项。

**表 6—5　产业结构合理化效应相关序列变量 JJ 协整检验结果**

| 特征根 | 迹统计量 | 5%临界值 | Prob. | 最大特征根统计量 | 5%临界值 | Prob. | 原假设 | 协整关系个数 |
|---|---|---|---|---|---|---|---|---|
| 0.748283 | 86.69097 | 47.856 | 0.000 | 38.62456 | 27.584 | 0.001 | None* | 4 |
| 0.605481 | 48.06640 | 29.797 | 0.000 | 26.04247 | 21.131 | 0.009 | At most 1* | |
| 0.435404 | 22.02393 | 15.494 | 0.005 | 16.00607 | 14.264 | 0.026 | At most 2* | |
| 0.193397 | 6.017862 | 3.841 | 0.014 | 6.017862 | 3.8414 | 0.014 | At most 3** | |

注：*（**）表示在 1%（5%）的显著水平上拒绝原假设。

资料来源：作者自制。

**表 6—6　产业结构高度化效应相关序列变量 JJ 协整检验结果**

| 特征根 | 迹统计量 | 5%临界值 | Prob. | 最大特征根统计量 | 5%临界值 | Prob. | 原假设 | 协整关系个数 |
|---|---|---|---|---|---|---|---|---|
| 0.750844 | 93.18718 | 54.079 | 0.000 | 38.91089 | 28.588 | 0.001 | None* | 3 |
| 0.644669 | 54.27629 | 35.192 | 0.000 | 28.97176 | 22.299 | 0.005 | At most 1* | |
| 0.458699 | 25.30453 | 20.261 | 0.009 | 17.18586 | 15.892 | 0.031 | At most 2** | |
| 0.251701 | 8.118675 | 9.164 | 0.078 | 8.118675 | 9.164 | 0.078 | At most 3 | |

注：*（**）表示在 1%（5%）的显著水平上拒绝原假设。

资料来源：作者自制。

从表 6—5 的结果可知，迹检验和最大特征根检验结果均显示在 5% 和 1% 的显著水平上变量之间存在 4 个协整关系，说明中国产业结构合理化与 FDI 流入、FDI 流出和 GDP 水平之间存在长期稳定的均衡关系。标准化的协整方程表示为：

$$\ln SR = -0.201\ln IFDI - 0.532\ln ODI - 1.285\ln Y + 16.091$$
$$(1.714)^{**} \qquad (5.967)^{*} \qquad (4.366)^{*}① \quad (6—6)$$

---

① *（**）表示在 1%（5%）的显著水平上通过 $t$ 检验。

从表 6—6 结果可知，迹检验和最大特征根检验结果均显示在 5% 和 1% 的显著水平上变量之间存在 3 个协整关系，说明中国产业结构高度化与 FDI 流入、FDI 流出和 GDP 之间存在长期稳定的均衡关系。标准化协整方程为：

$$\ln SH = 9.917\ln IFDI + 5.545\ln ODI - 23.233\ln Y + 209.242$$
$$(-4.752)^* \quad (-2.973)^* \quad (3.558)^* \quad (-3.156)^*①$$

$$(6—7)$$

从协整方程（6—6）可知，长期来看，IFDI 和 ODI 均对产业结构合理化有促进作用，且 ODI 对产业结构合理化的促进效应大于 IFDI 的产业结构合理化效应。IFDI 的长期产业结构合理化弹性为 -0.201，即 IFDI 每增加 1%，产业结构合理化水平将提升 0.201%。ODI 的长期产业结构合理化弹性为 -0.532，即 ODI 每增加 1%，产业结构合理化将提升 0.532%。从协整方程（6—7）可知，长期来看，IFDI 和 ODI 对产业结构高度化都有促进作用，且 IFDI 对产业结构高度化的促进效用大于 ODI。IFDI 的长期产业结构高度化效应为 9.917，即 IFDI 每增加 1%，产业结构高度化水平将提升 9.917%。ODI 的长期产业结构高度化效应为 5.545，即 ODI 每增加 1%，能推动产业结构高度化水平提升 5.545%。

### （三）向量误差修正模型

协整关系反映的是变量间的长期协同关系，但如果由于某种原因在短期出现了偏离均衡的现象，则需要对偏离或误差进行修正从

---

① *（**）表示在 1%（5%）的显著水平上通过 t 检验。

## 第六章 中国对外直接投资的产业间结构效应——基于宏观和中观视角

而使序列重返均衡。向量误差修正模型（VEC）就是一个将短期偏离与长期均衡结合的模型。如果 VAR 模型中的变量存在协整关系，则可建立包括误差修正项在内的 VEC 模型，VEC 模型中既有描述变量间长期关系的参数，又有描述变量间短期关系的参数，其中误差修正项系数的大小表示误差修正项对序列短期偏离的修正速度。由于中国产业结构合理化和高度化与 FDI 双向流动及 GDP 之间存在协整关系，所以存在受双向 FDI 和 GDP 影响的产业结构水平的 VEC 模型，可以刻画短期偏离向长期均衡调整的过程。VEC 模型估计结果如下①：

$$D\ln SR_t = 0.045 ecm_{t-1}^{SR} + 0.696 D\ln SR_{t-1} + 1.117 D\ln SR_{t-2}$$
$$(1.536)^{***} \quad (1.641)^{***} \quad (2.458)^{*}$$
$$- 0.013 D\ln ODI_{t-1} - 0.003 D\ln ODI_{t-2} - 0.029 D\ln IFDI_{t-1}$$
$$(-0.867) \quad (-0.210) \quad (-0.424)$$
$$- 0.136 D\ln IFDI_{t-2} + 0.036 D\ln Y_{t-1} + 2.622 D\ln Y_{t-2} - 0.156$$
$$(-2.433)^{*} \quad (0.039) \quad (2.965)^{*} \quad (-2.3357)^{*}$$
$$(6\text{—}8)$$

其中，$ecm_{t-1}^{SR} = \ln SR_{t-1} + 0.201\ln IFDI_{t-1} + 0.532\ln ODI_{t-1} + 1.284\ln Y_{t-1} - 16.091$

$R^2 = 0.648 \quad \bar{R}^2 = 0.472 \quad LogL = 58.108$

$AIC = -3.436 \quad SC = -2.961$

$$D\ln SH_t = -0.353 ecm_{t-1}^{SH} - 0.244 D\ln SH_{t-1} - 0.031 D\ln SH_{t-2}$$

---

① VEC 模型的滞后阶数和选项的设定均应与前面相应的 JJ 协整检验保持一致。

$$(-4.760)^* \quad (-1.674)^{**} \quad (-0.214)$$

$$+ 0.001DlnODI_{t-1} + 0.015DlnODI_{t-2} - 0.026DlnIFDI_{t-1}$$

$$(0.136) \quad (1.897)^{**} \quad (-0.975)$$

$$+ 0.044DlnIFDI_{t-2} + 0.904DlnY_{t-1} - 1.168DlnY_{t-2}$$

$$(1.929)^{**} \quad (4.010)^* \quad (-4.819)^{*①} \quad (6\text{—}9)$$

其中,$ecm_{t-1}^{SH} = \ln SH_{t-1} - 5.545\ln IFDI_{t-1} - 9.917\ln ODI_{t-1} + 23.233\ln Y_{t-1} - 209.242$

$R^2 = 0.724 \quad \bar{R}^2 = 0.608 \quad LogL = 28.982$

$AIC = -4.431 \quad SC = -4.002$

上述结果显示,VEC 模型(6—8)和(6—9)的可决系数分别是 0.648 和 0.724,两个模型的误差修正项系数分别为 0.045 和 -0.353,通过了 10% 和 1% 显著水平的 $t$ 检验,说明 $DlnSR_t$ 和 $DlnSH_t$ 受到长期均衡关系的显著影响。当短期波动偏离长期均衡时,产业结构合理化和产业结构高度化将在下一期做出调整,以使得它们与双向 FDI 和 GDP 恢复到长期均衡关系。上一期非均衡误差 $ecm_{t-1}^{SR}$ 对本期产业结构合理化的修正速度为 0.045,说明模型(6—8)从短期非均衡向长期均衡状态调整的速度较慢,产业结构合理化短期波动幅度较小。上一期非均衡误差 $ecm_{t-1}^{SH}$ 对本期产业结构高度化调整的修正速度为 0.353,说明模型(6—9)从短期非均衡向长期均衡状态调整的速度较快,即产业结构高度化短期调整起伏较大。误差修正模型方程中各解释变量差分项的系数反映了短期波动的影响,

---

① \*、\*\*、\*\*\* 分别表示在 1%、5%、10% 显著水平上通过 $t$ 检验,没有 \* 号说明统计上不显著。

方程（6—8）和（6—9）除个别变量外，变量差分项系数 $t$ 检验均至少在10%水平显著，说明实证结果相对稳健。

短期来看，IFDI 滞后 2 期对产业结构合理化和高度化具有促进效应，相应的短期弹性分别为 -0.136 和 0.044，小于 IFDI 长期产业结构合理化弹性 (-0.201) 和高度化弹性 (9.917)。中国 IFDI 在长期对产业结构合理化和高度化的作用存在上升趋势。这是由于在引资初期，跨国公司在中国投资低附加值制造业，充分利用当地自然资源和劳动力直接加工生产制成品，短期内 IFDI 对中国产业结构合理化和高度化的推动不够显著。但随着国内投资门槛的提高，IFDI 的发展模式逐步从"数量"型向"质量"型转变（邹建华和韩永辉，2013），从"被动吸收"向"主动选择"转变，中国 IFDI 长期产业合理化和高度化的推动效应存在上升趋势。

ODI 的滞后 1 期 (-0.013) 和 2 期 (-0.003) 的短期产业结构合理化促进效应在统计上不显著，但 ODI 滞后 2 期对产业结构高度化具有促进效应，相应的短期弹性为 0.015，同样小于 ODI 相应的长期产业结构合理化弹性 (-0.532) 和高度化弹性 (0.545)。中国 ODI 长期产业结构合理化和高度化促进效应也存在上升趋势，即短期内 ODI 未能促进中国产业结构升级，但长期可以促进产业结构优化。在短期，国内资本的外移使得母国各产业发展水平出现两极分化效应，产业发展越发不平衡，不利于母国产业结构调整。但在长期，由于跨国企业在海外建厂、并购东道国企业，将发生产品升级、流程升级、价值链提升等外溢效应，外溢效应促进了母国的整个产业发展。

## (四) 脉冲响应

以上分析基于历史数据来反映 ODI、IFDI 与产业结构合理化和高度化之间的关系，其分析的前提是外部环境保持稳定。在外部环境变化的情况下，则需要借助脉冲响应函数来进一步分析。脉冲响应旨在研究一个变量受到某种冲击时系统产生的动态影响。基于上述的 VEC 模型这里分别给变量 lnIFDI、lnODI 施加一个正标准差新息的冲击，① 可得到 lnSR、lnSH 的脉冲响应路径，实证结果见图 6—5、图 6—6、图 6—7、图 6—8 所示。

图 6—5 显示，ODI 的单位正向冲击对产业结构合理化指标的脉冲响应在第 1、2 期为正，从第 3 期开始脉冲响应为负，第 4 期最小，达到 -0.07897%，之后逐步回升，在第 10 期以后逐步趋于平稳，基本维持在 -0.4% 的水平。这说明在滞后的前 3 期内，ODI 受到的单位正向冲击不利于产业结构合理化调整，但从滞后 4 期开始，ODI 受到的单位正向冲击能够有效降低 lnSR 的值，使产业结构更加合理化。

图 6—6 显示，IFDI 的一个单位正向冲击导致产业结构合理化指标先减小后增加。脉冲响应在第 2 期最小，达到 -0.05136，但是仅仅维持了很短时间后，第 4 期就立刻转为正向，反应强度呈缓慢增强趋势。这表明在滞后的前 4 期，IFDI 的正向冲击有利于产业结构合理化调整，从滞后第 5 期开始，IFDI 受到的正向冲击则不利于产业结构合理化调整。

通过对比产业结构合理化指标 lnSR 对 ODI 和 IFDI 的脉冲响应

---

① 根据时序序列计量理论，"新息"可用随机扰动项指代。

路径可以发现，ODI 和 IFDI 自身受到的冲击都会传递至产业结构合理化指标，但作用的方向不同，产业结构合理化对于 ODI 所受到冲击的反应趋于正向响应，而对 IFDI 变动的反应趋于负向响应。

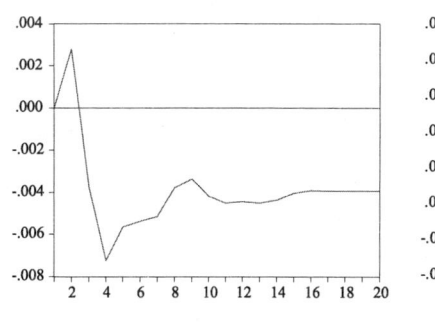

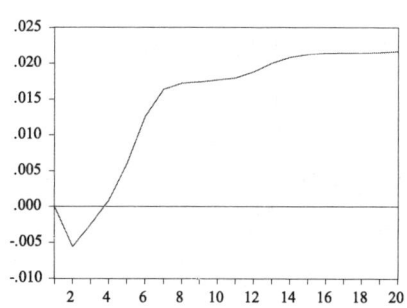

**图 6—6** lnSR 对 lnODI 的脉冲相应　　**图 6—7** lnSR 对 lnIFDI 的脉冲相应

注：横轴表示冲击作用的滞后期数（年），纵轴表示产业结构合理化指标 lnSR。

资料来源：作者自制。　　　　　　　　资料来源：作者自制。

图 6—8 显示，ODI 一个单位的正向冲击对产业结构高度化的脉冲响应在第 3 期达到最大（0.2957），之后缓慢波动，但仍为正向关系，在第 12 期后，反应强度开始趋于平稳，基本维持在 0.25。这说明 ODI 受到的单位正向冲击对产业结构高度化有促进作用，而且随着时间的推移，逐步趋于平稳。

图 6—9 显示，IFDI 一个单位的正向冲击对产业结构高度化的脉冲效果表现为曲折中上升。在第 1 期和第 2 期，脉冲响应处于上升态势，在第 3 期强度迅速变弱，第 4 期后，反应强度开始波动中增强，在第 12 期以后逐步缓慢增强。这说明 IFDI 受到的单位正向冲击对产业结构高度化水平的促进作用逐步上升，随着滞后期增多，

其正向作用加强。

比较产业结构高度化指标 lnSH 对 ODI 和 IFDI 的脉冲响应路径可发现，无论是 ODI 还是 IFDI，都能将自身受到的冲击传递至产业结构高度化指标，并产生积极的正向促进作用，但产业结构高度化对 IFDI 的脉冲响应更为敏感。

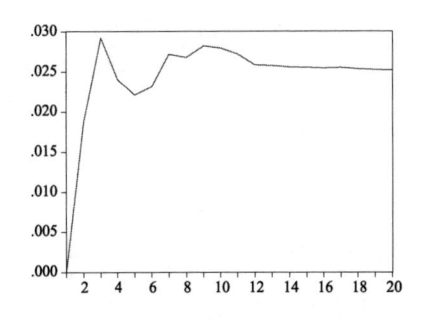

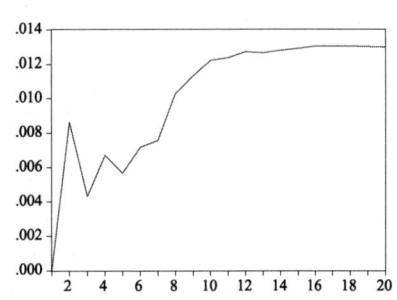

图 6—8　lnSH 对 lnODI 的脉冲响应　　图 6—9　lnSH 对 lnIFDI 的脉冲响应

注：横轴表示冲击作用的滞后期数（年），纵轴表示产业结构高度化指标 lnSH。

资料来源：作者自制。　　　　　　　　资料来源：作者自制。

### 四、小结

第一，从长期看，中国产业结构合理化和高度化与双向 FDI 之间存在稳定的协整关系。其中，中国 ODI 对产业结构合理化的长期贡献比 IFDI 更为显著，而 IFDI 对产业结构高度化的长期贡献比 ODI 更为显著。这说明中国双向 FDI 对产业结构均有促进作用，但其侧重点不同，应坚持"引进来"和"走出去"战略的有机协调发展。

第二，从短期看，中国 IFDI 对产业结构优化升级的贡献更为突出。中国双向 FDI 均对产业结构合理化和高度化有短期促进效应，但 IFDI 对产业结构合理化和高度化的短期贡献均较 ODI 更为显著。

第三，从动态影响看，无论是 ODI 还是 IFDI，都能将自身所受外部冲击传递至产业结构合理化和高度化，但影响的方向有所区别。其中，产业结构合理化对 ODI 所受到冲击的反应趋于正向效应，而对 IFDI 变动的反应趋于负向效应。产业结构高度化对 ODI 和 IFDI 的变动都趋于积极的扩张效应，但产业结构高度化对 IFDI 的脉冲响应更为敏感。

## ◆ 第三节　对外直接投资与产业间结构的中介效应 ◆

前两节的研究结论表明 ODI 促进产业结构升级的效应是客观的，那么 ODI 是通过哪些中介效应促进了产业结构变动？本节将对 ODI 影响产业结构优化的路径进行实证分析。具体思路为：首先结合第四章中 ODI 对于产业结构调整路径的影响机制界定传导变量及具体的衡量指标；其次对其进行实证检验，进而估计对外直接投资是否通过这几种路径对产业间结构的优化产生影响。

### 一、数据来源及模型设计

#### （一）模型设计

本节我们试图实证检验对外直接投资对产业结构的影响关系及机理，揭示要素供给、逆向技术外溢、生产率促进产业结构升级的中介效应及程度。其中，我们以 tfp$_{it}$ 代表逆向技术外溢效应，用行业 i 在 t 时间内的全要素生产率表示；以 prod$_{it}$ 代表生产率效应，用 i 行业 t 时间的劳动生产率表示；以 kshare$_{it}$ 表示要素供给效应，用 i 行业 t 时间人均资本来表示。具体的检验思路为：

首先，要检验对外直接投资对产业结构变动的作用，我们用 6—10 模型来表示。如果系数 $\beta_1$ 显著，还不能说明存在中介效应，接着进行检验。如果 $\beta_1$ 不显著，说明不存在中介效应，停止检验。

$$SCI_{it} = \beta_0 + \beta_1 ODI_{it} + \theta X_{it} + \varepsilon_{it} \qquad (6—10)$$

其中，SCI 代表产业结构变动指标，ODI 代表各行业对外直接投资流量，X$_{it}$ 为控制变量向量，$\theta$ 为其对应的系数。具体而言，控制变量包括知识密集度（knowledge）、国有化程度（con）、信息化程度（information）、外商直接投资（fdi）以及工资水平（w）。

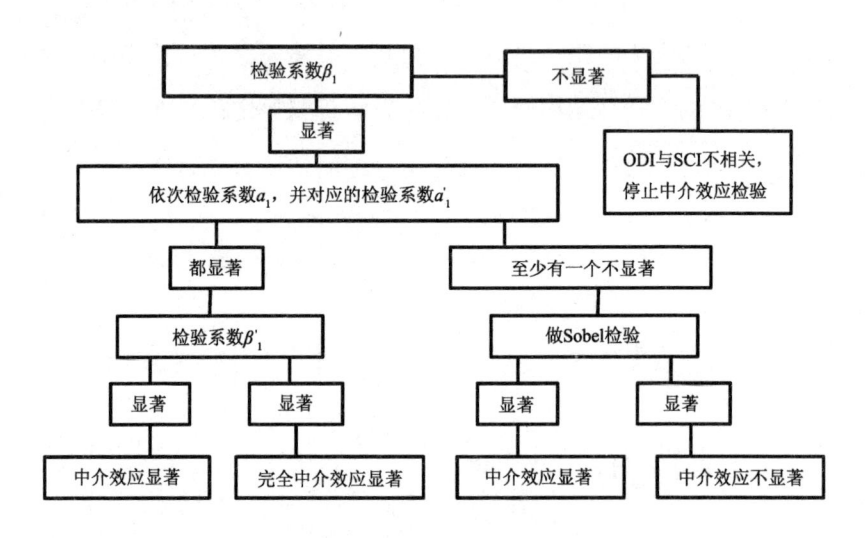

图 6—10 中介效应检验

资料来源：作者自制。

接下来，我们要检验对外直接投资和中介变量（要素供给、逆向技术外溢、生产率）之间的回归方程，具体用6—11模型来表示，假如系数 $\alpha_1$（$\alpha_2$，$\alpha_3$）显著，说明对外直接投资确实可以预测中介变量（要素供给、逆向技术外溢、生产率），但仍然没有说明中介效应的存在，如果 $\alpha_1$（$\alpha_2$，$\alpha_3$）不显著，那就需要进行 sobel 检验。

$$tfp_{it} = \gamma_0 + \alpha_1 ODI_{it} + \theta X_{it} + \varphi_{it}$$
$$kshare_{it} = \gamma_1 + \alpha_2 ODI_{it} + \theta X_{it} + \kappa_{it} \quad (6—11)$$
$$lprod_{it} = \gamma_2 + \alpha_3 ODI_{it} + \theta X_{it} + \eta_{it}$$

第三步，我们需要将对外直接投资和中介变量同时考虑进模型中，检验中介变量（要素供给、逆向技术外溢、生产率）和产业结构变动之间的关系，也就是6—11方程的系数 $\beta_1'$ 是否显著，这里 M 代表相应的中介变量（要素供给、逆向技术外溢、生产率），如果 $\alpha_1$（$\alpha_2$、$\alpha_3$）显著，$\alpha_1'$（$\alpha_2'$，$\alpha_3'$）也显著，那么可以证明相应的中介效应的存在；如果 $\alpha_1$（$\alpha_2$、$\alpha_3$）和 $\alpha_1'$（$\alpha_2'$，$\alpha_3'$）之间有一个不显著，则我们需要进行 sobel 检验，sobel 检验显著，那么中介效应存在。具体我们可以用模型6—12来表示：

$$SIC_{it} = \beta_0' + \beta_1' ODI_{it} + \alpha' M + \theta X_{it} + \varepsilon_{it} \quad (6—12)$$

## （二）变量说明

被解释变量说明。SCI 指标的测度我们参照宋凌云等（2013）的构建方法，用产业增加值份额的增长率度量产业结构变动速度，本节采用增加值份额增长率 $SCI_{it}$ 指标，它的计算方法如下：

$$SCI_{it} = LNADD_{i,t} - LNADD_{i,t-1} \quad (6—13)$$

其中 $LNADD_{it}$ 代表 i 行业在 t 时间的产业增加值份额的对数值。SCI 指标越大，则表明产业份额的增长速度越大，产业结构变动越剧烈。产业数据来源于《中国统计年鉴》《中国对外投资统计公报》和《中国第三产业统计年鉴》。由于中国对外直接投资的行业统计始于 2004 年，因此本节的样本期选定为 2004—2013 年。样本剔除掉第一产业和第二产业中 5 大类产业，只包括 13 个服务产业[1]。

控制变量说明。行业的知识密集度（knowledge）：因为行业中知识密集度可以带来总成本节约和总收益增加的效用，因此我们尝试控制该变量。我们参照盛龙等（2013）的做法，将行业中大专学历以上的就业人员占行业中总就业人数的比重作为度量行业知识密集度的指标，数据来源于《中国劳动统计年鉴》。行业的国有化程度（con）：制度环境对任何一个产业的发展来说，都密切相关，而政策的实施往往以国有化企业为推动点，因此我们控制国有化程度这个指标。我们选取行业中国有单位就业人数所占总行业就业人数的比重来度量，数据来源于《中国劳动统计年鉴》。信息化程度（information）：当今行业的发展同信息发展密切相关，信息技术的快速发展是服务业快速发展的一个基础。一方面互联网的广泛使用加快信息传播，使得地理位置不再成为服务业发展的一个障碍，同时计算

---

[1] 这 13 个行业分别为：交通运输、仓储和邮政业，批发和零售业，房地产业，租赁和商务服务业，水利、环境和公共设施管理业，住宿和餐饮业，居民服务和其他服务，卫生、社会保障和社会福利，教育，文化、体育和娱乐业，金融业，科学研究、技术服务和地质勘查业，信息传输、计算机服务和软件业。公共管理与社会组织行业的对外投资数据太少予以剔除，农林渔牧业由于利用 DEA 测算 TFP 时，土地投入与资本投入差别较大，因此剔除农林渔牧业。第二产业中建筑业、制造业、采矿业和电力、燃气及水的生产和供应业，由于测算 TFP 的总产值同服务业有所不同，这里予以剔除。

机的快速发展大幅度降低了传播成本,为服务业的发展提供了处理支撑(何骏,2011)。我们同样参照盛龙等(2013)的做法,选择信息传输、计算机服务业中间投入占行业总投入的比重作为信息化程度的度量,数据来源于《中国投入产出表》。[①] 外商直接投资(FDI)运用流量数据表示。劳动生产率(prod)则用工业增加值与年平均劳动人数的比值来表示。资本密集度(kshare)用行业内资本存量与劳动人数的比重表示。

关于全要素生产率 tfp 的测算,目前主流的有三大类方法:参数、半参数和非参数估计。其中参数估计方法包括随机前沿函数分析法(SFA)和索罗剩余法等。本节选择随机前沿法来测算生产率。服务业产出我们则根据 Mahadevan(2000)的做法,选用增加值衡量。参照王恕立等(2012)的做法,本节将实际的产业增加值根据"第三产业增加值指数"换算为 2004 年不变价。关于劳动投入变量,严格来讲,劳动投入不仅要考虑劳动数量,也要考虑到劳动时间和质量,但鉴于数据的可获得性,本节选取各行业"年末从业人员数"作为劳动投入变量。关于资本投入变量我们选取固定资产投资指标,并采用学者们常用的永续盘存法估计实际资本存量,其计算公式为:

$$K_t = (1 - \delta_t)K_{t-1} + I_t/P_t \qquad (6—14)$$

其中,$K_t$ 为 t 年的实际资本存量,$K_{t-1}$ 为 t−1 年的实际资本存量,$\delta_t$ 为 t 年的固定资产折旧率。关于对折旧率的选取,我们参照颜鹏飞(2004)的做法,假设折旧率为 5%。$I_t$ 为 t 年的名义固定资产

---

[①] 由于目前《中国投入产出表》只有 2005、2007、2010 年的数据,故本节假定各个产业之间的投入产出数据在相邻几年保持不变。用 2005 年代替 2004—2006 年的数据,用 2007 年代替 2006—2009 年的数据,用 2010 年代替 2010—2012 年的数据。

投资，$P_t$ 为 t 年的固定资产投资价格指数。由于分行业中建筑安装价格指数、设备价格指数和其他费用指数我们无法获得，因此我们参照王恕立等（2012）的做法，对 $P_t$ 使用全社会固定资产投资价格指数进行折实换算。基年资本存量运算参考 Harberger（1978）提出的稳态方法（steady-state method），即基于"稳态时资本产出比不变资本增长速度等于总产出增长速度"的假定，公式为：

$$K_{t-1} = I_t/(g_t + \delta_t) \qquad (6\text{—}15)$$

我们以 2003 年为基期，使用一段时间内的产出平均增长率表示，本节使用分行业 2004—2012 年实际增加值的年均增长率表示。理论上，折旧率的测算也应区分行业间的差异和时间上的变化，但由于数据的匮乏，同时也没有更好的测算方法，因此我们的折旧率统一设为 5%。

二、实证结果分析

如表 6—7 所示，可以看到，方程（1）表明在控制了知识密集度、信息化程度等变量后，服务业对外直接投资对产业结构的变动有显著的积极影响，回归系数为 0.008，且显著。方程（2）表明技术外溢对产业结构变动也有积极的显著影响。在模型（4）中，可以看到对外直接投资对技术外溢具有显著正向影响，说明对外直接投资有利于解释企业的技术水平的提升。最后在模型（3）中，可以看到对外直接投资对产业结构的影响为正，但变得不再显著，而技术外溢则对产业结构的影响显著为正。根据 Baron 和 Kenny（1986）的中介效应判定步骤及条件，技术外溢在对外直接投资和产业结构的关系中存在完全中介效应。在控制变量中，知识密集度指标（knowledge）显著为正，这与我们的预期相符，行业中的高知识水平劳动力，显著促进了行业发展。信息化程度指标（information）为正，但不显著，说明信息化的发展程度对产业结构的变动效应并不显著，这可能与我们选择的服务业样本相关。国有化程度为负，但并不显著，说明行业中的国有企业容易受到行政垄断进而扭曲了国有企业的正常企业行为（褚敏等，2013）的现象在我们的样本中并未完全显现。

表6—7　ODI、产业结构变动和逆向技术外溢回归分析结果

| 变量 | | 产业增加值份额变动（SCI） | | | 技术外溢（tfp） |
|---|---|---|---|---|---|
| | | (1) | (2) | (3) | (4) |
| 自变量 | odi | 0.008* | | 0.007 | 0.151** |
| | | (1.85) | | (1.16) | (2.43) |
| 中介变量 | tfp | | 0.011*** | 0.049*** | |
| | | | (2.70) | (8.13) | |
| 控制变量 | w | -0.037* | -0.041** | -0.044 | 7.928* |
| | | (-1.88) | (-2.11) | (-1.59) | (1.86) |
| | knowledge | 0.044** | 0.033 | 0.153*** | 1.317*** |
| | | (2.21) | (1.65) | (5.35) | (3.07) |
| | information | 0.075 | 0.048 | 0.218 | 8.156*** |
| | | (0.75) | (0.48) | (1.48) | (3.76) |
| | con | -0.004 | -0.009 | -0.075 | -1.423*** |
| | | (-0.61) | (-0.68) | (0.84) | (-5.15) |
| | fdi | 0.003 | 0.005 | 0.052*** | -0.152 |
| | | (0.61) | (1.00) | (6.50) | (-1.22) |

续表

| 变量 | | 产业增加值份额变动（SCI） | | | 技术外溢（tfp） |
|---|---|---|---|---|---|
| | | (1) | (2) | (3) | (4) |
| | constant | -0.004 | -0.036** | -0.082*** | 2.896*** |
| | | (-0.61) | (-2.51) | (-4.30) | (18.35) |
| | N | 130 | 130 | 130 | 130 |
| | $R^2$ | 0.114 | 0.096 | 0.542 | 0.488 |

注：***、**、* 分别表示1%、5%、10%水平上显著。

资料来源：作者自制。

表6—8中，我们检验劳动生产率在对外直接投资与产业结构变动之间扮演的中介效应，通过实证结果发现，方程（5）中对外直接投资对产业结构变动产生正向显著影响。方程（6）说明劳动生产率对产业结构变动的影响为正，但并不明显。模型（8）说明对外直接投资对劳动生产率产生显著正向影响。此外，发现将对外直接投资和劳动生产率同时放入回归方程后，发现对外直接投资对产业结构的变动作用仍显著，但回归系数变小了，这表明，劳动生产率在对外直接投资与产业结构变动的关系中起部分中介效应。

同理我们在表6—9中，检验要素供给在对外直接投资与产业结构变动之间扮演的中介效应。实证发现，在方程（10）中，资本密度并不显著影响产业结构的变动，在方程（12）中，对外直接投资对资本密度产生了显著影响，且方向为正，在方程（11）中，我们将对外直接投资和资本密度作为自变量同时放入回归方程中，发现对外直接投资对产业结构的调节作用不再显著，那么根据Baron和

Kenny (1986) 的中介效应判定步骤及条件,资本密度在对外直接投资和产业结构的关系中存在完全中介效应。

表6—8 ODI、产业结构变动和生产率回归分析结果

| 变量 | | 产业增加值份额变动(SCI) | | | 生产率(prod) |
|---|---|---|---|---|---|
| | | (5) | (6) | (7) | (8) |
| 自变量 | odi | 0.008*<br>(1.85) | | 0.006**<br>(2.29) | 3.131**<br>(2.38) |
| 中介变量 | prod | | 0.005<br>(1.64) | 0.003**<br>(2.23) | |
| 控制变量 | w | -0.037*<br>(-1.88) | -0.045**<br>(-2.11) | -0.042<br>(-1.12) | 2.806***<br>(5.25) |
| | knowledge | 0.044**<br>(2.21) | 0.050**<br>(2.51) | 0.089***<br>(2.61) | 0.751<br>(0.14) |
| | information | 0.075<br>(0.75) | 0.017<br>(0.17) | 0.051***<br>(2.82) | 8.621***<br>(3.17) |
| | con | -0.004<br>(-0.61) | -0.028<br>(-0.28) | -0.005<br>(-0.23) | 0.643<br>(0.02) |
| | fdi | 0.003<br>(0.61) | 0.003<br>(0.46) | 0.026**<br>(2.09) | 1.331***<br>(8.55) |
| | constant | -0.004<br>(-0.61) | -0.007*<br>(-0.10) | 0.066***<br>(5.21) | -3.394*<br>(-1.72) |
| | N | 130 | 130 | 130 | 130 |
| | $R^2$ | 0.114 | 0.108 | 0.297 | 0.587 |

注:***、**、*分别表示1%、5%、10%水平上显著。

资料来源:作者自制。

表6—9  ODI、产业结构变动和要素供给回归分析结果

| 变量 | | 产业增加值份额变动（SCI） | | | 要素供给（kshare） |
|---|---|---|---|---|---|
| | | (9) | (10) | (11) | (12) |
| 自变量 | odi | 0.008* | | 0.007 | 1.356*** |
| | | (1.85) | | (0.72) | (3.99) |
| 中介变量 | kshare | | 0.001 | 0.001*** | |
| | | | (0.15) | (2.88) | |
| 控制变量 | w | -0.037* | -0.205 | 0.074 | 1.832 |
| | | (-1.88) | (-1.55) | (0.22) | (1.32) |
| | knowledge | 0.044** | 0.048** | 0.118** | -4.561 |
| | | (2.21) | (2.31) | (2.36) | (-0.28) |
| | information | 0.075 | 0.038 | 0.576*** | -6.972 |
| | | (0.75) | (0.38) | (3.39) | (-0.98) |
| | con | -0.004 | -0.003 | 0.036 | 4.726*** |
| | | (-0.61) | (-0.41) | (1.50) | (5.28) |
| | fdi | 0.003 | 0.005 | 0.081*** | 5.574*** |
| | | (0.61) | (0.56) | (5.06) | (13.84) |
| | constant | -0.004 | -0.003 | 0.059*** | -3.007 |
| | | (-0.61) | (-0.41) | (4.82) | (-0.59) |
| | N | 130 | 130 | 130 | 130 |
| | $R^2$ | 0.114 | 0.086 | 0.317 | 0.655 |

注：***、**、*分别表示1%、5%、10%水平上显著。

资料来源：作者自制。

### 三、小结

本节以2004—2013年中国服务业行业数据为样本，实证检验了

对外直接投资对服务业结构变动的影响，并且进一步考察对外直接投资是否通过第四章中的技术外溢效应、生产率效应、要素供给效应三种中介效应来影响产业结构变动。

我们发现，对外直接投资确实能够显著提高行业的份额增长速度，即对外直接投资对产业结构变动产生了显著的正向影响。同时对外直接投资通过技术外溢效应、生产率效应和要素供给三个中介效应对产业间结构变动产生了影响。当将中介变量和自变量同时纳入模型中，较高的全要素生产率、劳动生产率和资本密度往往对产业间结构的变动速度带来较强的作用，而较高的对外直接投资水平并不必然对产业间结构变动产生较强的影响，因为这中间需要全要素生产率、劳动生产率和资本密度来发挥中介效应。当前企业进行跨国投资的发展速度非常之快，但若这种对外直接投资不能有效转换为全要素生产率、劳动生产率、资本密度的提升，那么跨国投资对产业结构升级的影响则非常有限。由此可见，在对外直接投资发展的推动下，加速其转化为推进母国产业全要素生产率、劳动生产率、资本密度的提升将会有效促进母国产业间结构升级。同时，我们也证实了第四章中的命题4.10和4.12中对外直接投资通过技术外溢效应、生产率效应和资本密度促进产业结构升级的部分。本节的结论揭示了对外直接投资的确可以作为影响产业结构变动的手段，并且技术外溢效应和要素供给在对外直接投资和产业间结构变动间具有完全中介作用，生产率效应在对外直接投资和产业间结构变动间具有部分中介作用。

## 第四节 本章小结和评论

本章利用中国行业数据对 ODI 的产业间结构效应进行了实证检验。具体包括利用 1982—2012 年的宏观数据检验双向 FDI 与产业结构之间的非线性 Granger 因果关系、利用中观行业数据检验双向 FDI 的产业结构效应的变化规律以及检验 ODI 是否通过技术溢出效应、生产率效应以及要素供给效应影响产业结构变动。结果表明，双向 FDI 与产业结构之间存在着显著的非线性 Granger 因果关系，同时通过非参数模型检验到 FDI 的产业结构促进呈"倒 U"型，而 ODI 的产业结构效应则呈现"U"型，劳动密集型 ODI 的产业结构促进效应显著为正，但资本密集型的 ODI 产业结构促进效应还未开始凸显。于此同时，通过服务业数据的验证，我们得出 ODI 的确是通过技术溢出效应、生产率效应和要素供给效应对产业结构变动进行作用。

本章的实证通过运用宏观和中观数据验证了 ODI 的确显著促进了产业间结构升级，是对第五章微观实证的一个补充。同时，也从另一个侧面证实了第四章的理论推导。但是本章的实证分析也存在不足之处。首先，基于数据的可获得性，本章的实证无法做到对第四章中顺梯度 ODI 和逆梯度 ODI 的产业间结构效应进行分别检验，同时在做 ODI 对产业间结构变动的中介效应检验时，我们没有找到合适的方法对相对价格效应进行测算，因此并未检验相对价格效应是否是 ODI 和产业结构变动之间的中介效应。其次，同样基于数据的限制，本章的第三节的机制问题检验仅限于对服务业数据进行检验，没有对工业数据进行检验，而工业对外直接投资与服务业对外直接投资可能存在很大差异，这也是本章的不足之处。最后，本章第二节中证实了ODI的产业结构效应呈现"U"型，而在本章第三节的机制检验中，我们假设的检验模型为线性面板，这是因为在总体检验中ODI的产业结构效应为"U"型，但在服务业中，ODI与产业结构变动之间呈现什么关系，我们无法断定，因此我们对此进行简化，假设为线性模型，但这也是本章的一个不足之处。

# 第七章 总结与政策建议

## 第一节 主要结论

本书以分工作为出发点，探讨了对外直接投资与产业结构升级之间的关系，并对此进行了理论分析和实证检验。在理论上，首先，我们利用 Feenstra et al.（1996）、Kohler（2004）理论模型以及郑若谷（2011）的分析框架对对外直接投资的产业内结构变动效应进行理论分析，并在此基础上区分了顺梯度 ODI 和逆梯度 ODI 对产业内结构变动的不同影响；其次，我们借鉴 Grossman et al.（2008）的模型论证了顺梯度对外直接投资和逆梯度对外直接投资对产业间结构变化的影响机制问题。在此理论框架基础上，我们运用中国的数据做了实证检验，首先，本书通过利用商务部提供的《中国企业对外直接投资统计名录》和《中国工业企业数据库》合并的微观企业数据对 ODI 的产业内结构效应进行了实证检验，其次利用宏观数据和产业数据对 ODI 的产业间结构效应进行实证分析，同时我们还进一步利用服务业数据验证了 ODI 对产业结构影响的作用机制。在进行全面的理论分析和实证检验之后，得到以下的一些主要结论：

第一，从对外直接投资和产业结构之间的理论渊源来看，分工是联系对外直接投资和产业结构之间的理论桥梁。产业结构起源的本质在于分工，产业结构的变化很大程度是由分工的推进而决定的，同时对外直接投资是国际分工发展到一定历史阶段的产物，因此分工成为了对外直接投资和产业结构之间共同的经济学理论基础。

第二，从对外直接投资的产业内结构效应来看，发展中国家对外直接投资通过改变母国的要素结构（包括资本深化、人力资本结构）、收入水平、技术水平以及贸易结构来对其产业结构产生影响。同时，通过利用中国制造业的微观企业数据进行实证分析发现：

（1）总体上看，首先，企业对外直接投资显著促进了企业的资本深化和资本收入份额的相对提升，也改善了高低技术劳动收入之间的差距；其次，对外直接投资显著促进了中高端技术企业产出比重的提升，进而促进了产业结构升级。

（2）从区分顺梯度和逆梯度的检验结果来看，首先，逆梯度 ODI 显著地促进了企业的资本深化，而顺梯度 ODI 的资本深化效应并不显著；其次，顺梯度 ODI 和逆梯度 ODI 都显著降低了劳动收入份额，但顺梯度 ODI 对缩小高低技术劳动之间的收入差距影响不显著，逆梯度 ODI 则显著缩小了高低技术劳动的收入差距；再次，投资于发达国家的 ODI 有利于促进制造业中高技术企业产出比重的上升,进而促进制造业产业升级,而投资于发展中国家的效应则不显著。通过以上结论说明顺梯度 ODI 和逆梯度 ODI 在促进产业结构升级上所产生的影响不尽相同,但可以肯定的是,无论是顺梯度 ODI 还是逆梯度 ODI 均能够产生有利于产业内结构升级的影响,因此在后续的战略选择上应该选择"差异化的同时并进"策略。

(3)从区分对外直接投资的目的类型来看,首先,综合类 ODI 的资本深化效应最显著,其余类型 ODI 的资本深化效应并不显著;其次,非经营性 ODI 显著降低了劳动收入份额,同时显著降低了企业高低技术劳动之间的收入差距,而其他类型的 ODI 的"收入分配效应"并不显著;这个结论说明综合类的对外直接投资所产生的产业内结构效应最为显著,这使得我们在策略选择上更应该偏向支持包含有生产、研发以及销售一体化的综合类对外直接投资企业。

(4)通过滞后效应检验发现,企业对外直接投资对劳动收入份额的影响不存在滞后效应,而企业对外直接投资的"资本深化效应"存在滞后效应,但随着时间出现递减态势。最后我们还发现利用剔除掉中国香港、中国澳门、英属维尔京群岛和开曼群岛之后的企业数据的实证检验与利用总体数据得出的结论相一致,这一方面说明投资在香港等避税港地区的直接投资对母国的产业结构的影响并不显著,另一方面也说明我们检验的结论较为稳健。

第三,从对外直接投资的产业间结构效应来看,发展中国家对外直接投资通过生产率效应、要素供给效应、逆向技术外溢效应和相对价格效应来影响母国的产业间结构变动,并且对于顺梯度 ODI 和逆梯度 ODI 来说,这些影响机制对产业间结构变动的影响程度和方向是有所差异的。从中国服务业对外直接投资的实际经验来看，中国服务业对外直接投资通过影响技术溢出效应、生产率效应和要素供给效应来促进产业结构的变动。这说明中国的对外直接投资主要通过逆向技术外溢以及促进母国劳动生产率的提升和促进资本深化来促进母国的产业间结构升级。因此在后续的政策选择上应该多强调通过何种途径来加强母国对逆向技术外溢的承接能力以及如果产生更多的逆向技术溢出。

第四，从中国双向FDI（包括外商直接投资和对外直接投资）的宏观数据实际经验来看，中国的外商直接投资和对外直接投资与产业结构升级之间存在着显著的非线性Granger因果关系。同时，通过行业数据的经验分析得出，外商直接投资的产业结构效应呈现"倒U"型，而对外直接投资的产业结构效应呈现"U"型。进一步区分劳动密集型行业和资本密集型行业进行分析发现，劳动密集型行业FDI的产业结构促进效应趋于下降趋势，资本密集型行业FDI的产业结构促进作用则呈现开口较大的"倒U"型。劳动密集型ODI的产业结构效应呈增长态势，资本密集型行业ODI的产业结构促进作用呈"J"型。这说明当前阶段外商直接投资促进产业结构升级的作用开始趋于缓降，劳动密集型行业的FDI进入对产业结构的促进作用下降得尤为突出。而"走出去"的产业结构促进作用开始逐步凸显，劳动密集型ODI的产业结构促进效应显著为正，而资本密集型ODI的产业结构促进作用则刚刚开始凸显。这意味着从长期来看，"走出去"对于中国产业结构转型的促进作用是更大的，也意味着资本密集型ODI其实从长远来看将有利于母国产业结构的提升，因此在后文的政策建议中我们建议在未来突出"走出去"对中国产业结构转型的贡献作用，并有区别地制定出有利于劳动密集型行业对外直接投资和资本密集型行业对外直接投资的政策建议。

## 第二节　政策建议

本书的研究中指出了中国对外直接投资的一些重要特点，同时也在理论上和实证上都证明了对外直接投资与产业结构之间关系的复杂性。顺梯度 ODI 和逆梯度 ODI 对产业内结构的影响都是多方面的，不同对外直接投资目的的 ODI 对产业内结构的影响也是不同的。劳动密集型行业 ODI 和资本密集型行业 ODI 对产业间结构的影响也是有差异的，不同行业对逆向技术外溢的承接能力和不同东道国所能够产生的逆向技术外溢也是有区别的。基于此，我们针对这些经验事实提出一些下列相关的政策建议，以期为当前中国企业的"走出去"战略政策的制定提供一定参考。

### 一、制定"差异化的同时并进"对外直接投资政策

鉴于对外直接投资与产业结构之间关系的复杂性，在制定对外直接投资的政策过程中，应针对其对外直接投资的类型及目的实施"差异化的同时并进"策略。

首先，对于顺梯度 ODI，政府应当积极鼓励已处于产业价值链低端的企业进行产业转移，一方面可以转移出国内的落后产能进而让出资源发展新兴产业，另一方面可以为国内的落后产能寻找更大

的市场，如服装加工制造业等。对于逆梯度 ODI，政府应当鼓励中国的高技术产业"走出"国门，并为这些企业给予相应的政策和财政支持，如新能源、高新技术、服务外包等行业。

其次，针对性地鼓励身兼生产、研发与销售业务的综合类跨国企业走出国门，并给予有效的政策支持、财政支持以及法律、文化支撑。同时，还特别需要制定相应的政策来控制对外直接投资的负面影响，如我们在鼓励对外直接投资活动的时候应要有相应的收入分配政策来抑制资本收入份额的快速增长以及在进行顺梯度 ODI 时所产生的高低技术劳动收入差距的进一步扩大，要利用对外直接投资战略来防止中国工业劳动收入份额持续下降以及高低技术劳动收入差距扩大对中国的工业结构产生不利影响。此外，在制定相应的政策鼓励措施时需要有理有据，进而避免东道国对中国企业崛起的敌对态度（如三一重工的并购案、华为在美国投资受阻等所反映出的问题），进而可以降低中国企业进行对外直接投资时所面临的壁垒。

最后，虽然在经验分析中发现资本密集型行业的对外直接投资对产业结构的促进作用还未完全显现出，但长期看其对产业结构升级的边际贡献呈现增长态势。而由于该类行业对外直接投资的见效周期长且初期投资需要大量资本支持，为了避免企业由于投资初期资本较大且见效时间长的原因放弃进行这类对外直接投资的机会，政府应在融资政策上给予资本密集型行业对外直接投资一定的额外支持。

## 二、建立并完善国内对逆向技术外溢的吸收—创新机制

在实证分析中发现影响产业升级的一种重要因素就是企业对逆向技术外溢的承接能力。通过实现对逆向技术外溢的承接最终实现母国的技术进步，是促进母国经济实现可持续发展以及促进产业升级的一个有效途径。因此，在政策的制定中应注重提升母国承接企业对国外新知识和能源的吸收能力，提升母国企业的 R&D 资源利用效率，进而形成自我创新机制。

首先，企业要注重实施"人才国际化"战略。对国外新技术的吸收、再创新的最重要载体就是人力资本，因此人力资本的存量高低直接影响企业的逆向技术承接能力。培养国际化、创新型的人才将有利于提高企业对国外先进技术和管理经验的消化吸收能力，并进一步将吸收到的新技术、新理念转化为母国企业自身的创新能力。在具体实施措施中，政府要在政策上、资金上支持和促进高校教育、科研人员与发达国家同行进行交流学习工作。如继续加强输送国内学者、科研人员到国外重要研发基地学习，多召开国际交流会议来搭建国际互动的平台等。另外，鼓励和激励在国外已取得先进科研成果以及在跨国企业工作的技术人才流回母国企业，实施差别的激励政策来吸引年轻有为的青年回国工作。

其次，加大国内对 R&D 投入的同时，注重提高研发效率。在实证结论中我们发现对发达国家的逆梯度 ODI 有利于促进母国企业的研发投入的增加，而对研发产出的影响不显著。这表明我国企业通过获取逆向技术外溢的方式促进自身创新水平提升的能力还不足。

因此我们应该鼓励企业不仅注重增加 R&D 投入，同时也注重加强将 R&D 投入最终转化为 R&D 产出的能力。现阶段，我国工业企业的研发效率水平严重底下（傅晓霞，2011），将研发投入转化为研发产出的能力有限。这就需要政府一方面为企业研发提供良好的融资渠道和融资环境，另一方面还要为企业研发提供一定的技术支撑与技术援助。对企业来说，要寻求与同类型企业的共同合作创新，最大限度整合现有技术，由某一项技术突破为主实现向多项技术集成突破转变，这样不仅加速了技术创新的效率，同时最大程度地扩散了国外先进技术的逆向外溢。进而可以带动母国的行业发展进入一个良性循环中。

### 三、进一步完善投资信息咨询机制

作为一个对外直接投资的发展中国家，我国对外直接投资的地区已覆盖了全球近 80% 的国家（地区）。投资于不同的东道国，企业面临着技术、文化、管理以及制度环境等各种差异，通过改善母国的投资信息咨询机制，不仅可以降低企业所面临的未知风险，提高决策的准确率，同时有利于母国政府为进行对外直接投资的企业提供有科学依据的扶持政策。

首先，进一步完善对外直接投资信息咨询服务机构。现阶段，我国商务部网站中已有专门提供收集、整理、发布对外直接投资合作的信息服务平台，同时每隔几年出台各个国家集政治、经济、文化、投资信息于一体的投资报告。但这些信息的推广程度并不广泛，因此有必要对其进一步广而告之。另一方面，政府方面也需要资助一些资金给了解各个东道国的咨询机构，使之推出更为详细、全面有效的投资信息等，具体可包括东道国各个行业的投资门槛、法律法规、契约规则以及一些非法规约束的道德约束、文化认同度等，以解决当前的信息可利用度低、实效性差、共享度低等具体实用问题。

其次，继续推广知识产权保护制度。在知识经济时代，知识产权不仅是一个企业的无形财产，更是参与商业竞争的工具，在对外直接投资中尤为重要。如联想并购IBM的PC业务、吉利收购沃尔沃、北汽收购萨博等众多案例中，知识产权在并购中都起着决定成败的作用。但这仅仅是成功的案例，中国企业的对外直接投资亏损率高达二成，除了海外投资经验欠缺、处理商业风险的经验不足、文化冲突等缘由，中国企业长期以来对知识保护产权的认识度不够也是重要的一个因素，它导致许多企业在进驻国际市场后发现其商标已被抢先注册，进而造成中国企业损失惨重。因此，应积极推广知识产权保护制度，加强国内企业的知识产权保护意识，避免国外企业抢先注册或侵犯其他企业产权的事故发生，进而减少我国企业对外直接投资失败的概率。

再次，继续推广与各个东道国的文化交流活动，使文化成为连接各国企业的纽带。其中，遍布在世界各地的华人起着一个重要的连接作用，通过各类型的文化、会展交流活动，加强华人对中华民族文化的认同感，进而促进中国的企业通过华人来打开走出国门的渠道，进一步获得东道国当地人民的认可。同时，加大对以"一带一路"建设为主线的宣传，依托"路上丝绸之带""海上丝绸之路"的建设来促使中国企业更顺利、更积极地"走出去"。

# 参考文献

[1] Acemoglu D., "Labor and Capital Augmenting Technical Change", Journal of the European Economic Association, 2003, (1).

[2] Aghion, P., Bloom, N., Blundell, R., Griffith, R., Howitt, P., "Competition and Innovation: An Inverted-U Relationship", The Quarterly Jounal of Economics, 2005, (120).

[3] Alvarez R., Lopez R., "Exporting and Performance: Evidence from Chilean Plants", Canadian Journal of Economics, 2005, (38).

[4] Antras Pol, Elhanan Helpman, "Contractual Frictions and Global Sourcing", CEPR Discussion paper, 2007, No. 6033.

[5] Antras, Pol, "Incomplete Contracts and the Product Cycle", American Economic Review, 2005, (4).

[6] Antras, Pol, "Property rights and the international organization of production", American Economic Review, 2005, (95).

[7] Antras, Pol, Elhanan Helpman, "Global Sourcing", Journal of Political Economy, 2004, (112).

[8] Becker, S. O., Ekholm, K., Jackle, R., Muendler M. A., "Location Choice and Employment Decisions: A Comparison of German and Swedish Multinationals", Review of World Economics, 2005, (141).

[9] Bellone, F., Musso, P., Schiavo, S., "Financial Constrains and Firm Export Behavior", World Economy, 2010, (33).

[10] Berman, Machin, "Skill-Biased technology transfer around the world", Oxford Review of Economic Policy, 2000, (16).

[11] Bernard, A., Jensen, B., "Exceptional Exporter Performance: Cause, Effect, or Both", Journal of International Economics, 1999, (47).

[12] Blomstrom, M., D. Konan, R. E. lipsey, "FDI in the Restructuring of the Japanese Economy", The National Bureau of Economic Research, 2000, (5).

[13] Blonigen, B. A., "In Search of Substitution between Foreign Production and Exports", Journal of International Economics, (53).

[14] Brainard, S., Riker, D., "Are US Multinationals Exporting US Jobs", NBER working paper, 1997, 5958, March.

[15] Branstetter, L., "Is Foreign Direct Investment a Channel of Knowledge Spillovers? Evidence from Japan's FDI in the United States", NBER working paper, No. 8015, 2000.

[16] Buckley, P. J., Casson, M, "The Future of the multinational enterprise", The Macmlillan Press, 1976.

[17] Buckley, P. J., Casson, M., "The Optimal Timing of For-

eign Direct Investment", Economic Journal, 1981, (91).

[18] Cantwell J. A. and Tolentino P. E. E, 1987, "Technological Accumulation and Third World Multinational", Paper presented at the annual meeting of the European International Business Association, Antwerp, December.

[19] Caves, R. E., "International corporations: the industrial economics of foreign investment", Economica, 1971, (38).

[20] Chen Bo, Yu Miaojie, Yu Zhihao, "Wage Inequality and Input Trade Liberalization: Firm-Level Evidence from China", Working Paper, 2013, No. E2013005.

[21] Chenery H. B., H. Elkington, C. A. Sims. A, "uniform analysis of development patterns", Harvard University, Center for International Affairs, 1970.

[22] Cheng, W., Zhang, D., "Does Trade in Intermediate goods Increase or Decrease Wage Inequality", The Singapore Economic Review, 2007, (52).

[23] Chow, Peter, "The effect of outward foreign direct investment on home country's export: A case study on Taiwan, 1989 – 2006", The Journal of International Trade &Economic Development, 2012, (21).

[24] Conte, Vivarelli, "Globalization and employment", Jena Economic Research Paper, 2007.

[25] De Loecker J., "Does Exporting Generate High Productivity? Evidence from Slovenia", Jounal of International Economics, 2007, (73).

[26] Diks. C. and Panchenko V. A. , "New statistic and Practical Guidelines for Nonparametric Granger Causality Testing", Journal of Economic Dynamicsand Control, 2006, (30) .

[27] Dixit, A. K. , Grossman, G. M. , "Trade and Production with Multistage Production", Review of Economic Studies, 1982, (49) .

[28] Driffield, N. , Love, J. H. , "Foreign Direct Investment, Technology Sourcing and Reverse Spollovers", The Manchester School, 2003, (6) .

[29] Droucopoulos. V. , and T. P. Lianos, "Labor's Share and Market Power: Evidence from the Greek Manufacturing Industries", Journal of Post-Keynesian Economics, 1992, (2) .

[30] Dunning, J. H. , "Internationalizing Porter's Diamond", Management International Review, 1993, (33) .

[31] Dunning, J. H. , "Non-equity forms of foreign economic involvement and the theory of international production", International Business Strategies in the Asia-Pacific Region, 1977, (Greenwich, Conn: JAI Press) .

[32] Dunning, J. H. , "Trade Location of Economic Activity and the Multinational Enterprise: A Search for an Eclectic Approach", The International Allocation of Economic Activity, London: Macmillan, 1977.

[33] Egger, Peter, "European Integration in Trade and FDI: A Dynamic Perspective", CESifo Forum, Ifo Institute for Economic Re-

search at the University of Munich, 2001, (2).

[34] Eicher, T., Kang, J. W. "Trade, Foreign Direct Investment or Acquisition: Optimal Entry Models for Multinationals", Journal of Development Economics, 2005, (77).

[35] Fajnzylber, Fernandes, "International technology diffusion and the demand for skilled labor: Evidence from East Asia and Latin America", 2004, World Bank Working Paper.

[36] Feenstra R. and G. Hanson, "Foreign Direct Investment and Relative Wages: Evidence from Mexico's Maquiladoras", Journal of International Economics, 1997, (42).

[37] Feenstra, Hanson, "Global Production Sharing and rising inequality: A survey of trade and wages", In Choi & Harrigan (eds), 2003, Handbook of International Trade, Blackwell.

[38] Feenstra, R. "Global Production Sharing and Rising Inequality: A Survey of Trade and Wages", NBER Working Papers 8372, 2001, National Bureau of Economic Research.

[39] Feenstra, Robert, C., Gordon H, Hanson., "Globalization, Outsourcing, and Wage Inequality", American Economic Review, 1996, (86).

[40] Fichtenbaum R., "Do Unions Affect Labor's Share of Income: Evidence Using Panel Data", American Journal and Sociology, 2011, (70).

[41] Fichtenbaum R., "The Impact of Unions on Labor's Share of Income: A Time-Series Analysis", Review of Political Economy, 2009,

(21).

[42] Filippaios, F., Marina, P., "US outward foreign direct investment in the European Union and the implementation of the single market: empirical evidence from a cohesive framework", Journal of Common Market Studies, 2008, (46).

[43] Fors, G., Kokko, A., "Home-Country Effects of FDI: Foreign Production and Structural Change in Home-Country Operations", National Bureau of Economic Research, 2001 (9).

[44] Frederick T. Knickerbocker, "Oligopolistic reaction and multinational enterprise", The International Executive, 1973, (15).

[45] Gereffi, G., "Global Production Systems and Third World Development", Cambridge, Cambridge University Press, 2002.

[46] Gereffi, G., "International trade and industrial upgrading in the apparel commodity chain", Journal of International Economics, 1999, (48).

[47] Gilroy, B. M., Lukas, E., "The Choice between Greenfield Investment and Gross-border Acquisition: A Real Option Approach", Quarterly Review of Economics and Finance, 2006, Vol. (46).

[48] Girma, S., Greenway, D., Kneller, R., "Does Exporting Increasing Productivity? A Microeconomic Analysis of Matched Firms", Reviews of International Economics, 2004, (12).

[49] Graham, E. M., "Oligopolistic imitation and European direst investment in the United States", 1975, Unpublished D. B. A. dissertation, Harvard University.

[50] Greenway, D., Guariglia, A., Kneller, R., "Financial Factors and Exporting Decisions", Journal of International Economics, 2007, (73).

[51] Griliches Z., "Issues in assessing the contribution of research and development to productivity growth", Bell Journal of Economics, 1979, (10).

[52] Grossman, Gene M., Rossi-Hansberg, E., "Trading Tasks: A Simple Theory of Offshoring", American Economic Review, 2008, (98).

[53] Grossman, Gene M., "Elhanan Helpman, Adam Szeidl, Optimal Integration Strategies for the Multinational Firm", Journal of International Economics, 2006, (70).

[54] Grossman, Gene M., Elhanan Helpman, "Managerial Incentives and the International Organization of Production", Journal of International Economics, 2004, (63).

[55] Grossman, Gene M., Elhanan Helpman, "Outsourcing versus FDI in Industry Equilibrium", Journal of the European Economic Association, 2003, (1).

[56] Grossman, Gene, Esteban Rossi-Hansberg, "A Simple Theory of Offshoring", American Economic Review, 2008, (98).

[57] Grubert, H., Mutti, J., "Taxes, Tariffs and Transfer Pricing in Multinational Corporate Decision Making", Review of Economies and Statistics, 1991, (73).

[58] Guscina A., "Effect of Globalization on Labor's Share in Na-

tional Income", IMF working Paper, 2006, (294).

[59] Hale, G., Long, C., "Did Foreign Direct Investment Put and Upward Pressure on Wages in China?", IMF Economic Review, 2011, (53).

[60] Hamel, G., Prahalad, C. K., "Competing for the future: Breakthrough strategies for control of your industry and creating markets of tomorrow", Harvard Business School Press, Boston, 1994, MA.

[61] Harberger, A., "Perspectives on Capital and Technology in Less Developed Countries", In Arties, M. J. and A. R. Nobay, Contemporary Economic Analysis, London: Croom Helm, 1978.

[62] Hawkins, RG. Job Displacement and Multinational Firm: A Methodological Review, Occasional Paper No. 3. Washington: Center of Multinational Studies. 1972.

[63] Helpman, E., "A Simple Theory of International Trade with Multinational Corporations", Journal of Political Economy, University of Chicago Press, 1984, (92).

[64] Helpman, E., Marc J. Melitz, Stephen R. Yeaple, "Export versus FDI with Heterogeneous Firms", American Economic Review, 2004, (94).

[65] Hennart, J. F., "The Transaction Costs Theory of Joint Ventures: an Empirical Study of Japanese Subsidiaries in the United States", Management Science, 1991, (34).

[66] Hicks J. R., The Theory of Wages, 1932, London: MacMillan Press.

[67] Hiemstra. C. and Jones. J. D. , "Testing for linear and nonlinear Granger Causality in the Stock Price-Volume Relation", Journal of Finance, 1994, (49).

[68] Hijzen, A. , "International Outsourcing, Technological Change, and Wage Inequality", Review of International Economics, 2007, (16).

[69] Hiley, M. , "Industrial Restructuring in ASEAN and the Role of Japanese Foreign Direct Investment", European Business Review, 1999, (99).

[70] Hirschman, A. O. The Strategy of Economic Development, 1958, Yale University Press: Clinton, MA.

[71] Humphrey, J. , Schmitz, H. , "How does Insertion in Global Value Chains Affect Upgrading Industrial Cluster", Regional Studies, 2002, (36).

[72] Hymer, S. H. , "International operations of national firms: a study of direct foreign investment", Ph. D. dissertation, Massachusetts Institute of Technology, 1960, Published by M. I. T. Press in 1976.

[73] Jasay, A. E. , "The Social Choice Between Home and Overseas Investment", The Economic Journal, 1960, (70).

[74] Johnson, H. G. , "The Efficiency and Welfare Implications of the International Corporation", The International Corporation, ed. C. P. Kindleberger, Cambridge, Mass. , 1970, ch. 2.

[75] Kalleberg A. L. , M. Wallace and L. E. Raffalovich, " Accounting for Labor's Share: Class and Income Distribution in the Printing

Industry", Industrial and Labor Relations Review, 1984, (37).

[76] Kennedy C., "Induced Bias in Innovation and the Theory of Distribution", Economic Journal, LXXIV1964, (74).

[77] Kiyoshi Kojima, "Direct Foreign Investment: A Japanese Model of Multinational Business Operations", London CroomHelm, 1978.

[78] Kohler, Wilhelm, "International Outsourcing and Factor Prices with Multistage Production", Economic Journal, 2004, (114).

[79] Konings, J., Murphy, A. P., "Do Multinational Enterprises Relocate Employment to Low-Wage Regions? Evidence from European Multinationals", Review of World Economics, 2006, (142).

[80] Lispsey, R. E., "Outward Direct Investment and the US Economy", The Effects of Taxation on Multinational Corporations, University of Chicago Press, 1994.

[81] Lucas. R. E., "Why doesn't Capital Flow from Rich to Poor Countries", American Economics Review, 1990, (80).

[82] Makino, Shige, Ming Lau, Chung, Rhy-Song Yeh, "Asset-Exploitation Versus Asset-seeking: Implications for Location Choice of Foreign Direct Investment from Newly Industrialized Economies", Journal of International Business Studies, 2002, (33).

[83] Marin Dalia, Verdier Thierry, "Power in the multinational corporation in industry equilibrium", Economic Theory, 2009, (38).

[84] Mathews. J. A., "Dragon Multinationals: New Players in 21st Century Globalization", Asia Pacific Journal of Management, 2006,

(23).

[85] Matthews, K., Zhang, N., "Bank Productivity in China 1997 - 2007: Measurement and Convergence", China Economic Review, 2010, (21).

[86] Melitz, M., "The Impact of Trade on Intra-industry Reallocations and Aggregate Industry Productivity", Econometrica, 2003, (71).

[87] Menezes-Fihlo, N., Muendler, M., "The Structure of Wages Compensation in Brazil, with a Comparison to the United States and France", Review of Economics and Statistics, 2008, (90).

[88] Mundell, R. A., "International Trade and the Factor Mobility", American Economic Review, 1957, (47).

[89] Nocke, V., Yeaple, S., "Cross-border Mergers and Acquisitions vs. Greenfield Foreign Direct Investment: the Role of Firm Heterogeneity", Journal of International Economics, 2007, (72).

[90] Nurkse, The Problem of Capital Formation in Less-developed Countries, Oxford University Press, 1953.

[91] Ozawa, T., "The macro-IDP, meso-IDPs and the technology development path (TDP)", in John H. Dunning, Rajneesh Narula, eds. Foreign Direct Investment and Governments: Catalysts for Economic Restructuring. London and New York: Routledge, 1996.

[92] Pissarides, C. A., "Learning by Trade and The Returns to Human Capital in Developing Countries", The World Band Economic Review, 1997, (11).

[93] Poon, "Beyond the Global Production Networks: A Case of Further Upgrading of Taiwan's Information Technology Industry", Technology and Globalization, 2004, (1).

[94] Porter, M. "Clusters and Competition: New Agendas fro Companies, Governments, and Institutions", In On Competition, M. Porter. , Boston: A Harvard Business Review Book, 1998.

[95] Porter, M. , "The Competitive Advantage of Nations", London and Basingstoke: Macmillan, 1990.

[96] Potterie, B. V. P. D. L. , Lichtenberg, F. , "Does Foreign Direct Investment Transfer Technology across Borders", The Review of Economics and Statistic, 2001, (83).

[97] Pradhan, J. P. , Singh, N. , "Outward FDI and Knowledge Flows: A Study of the Indian Automotive Sector", International Journal of Institutions and Economies, Faculty of Economics and Administration, University of Malaya, 2009, (1).

[98] Rosenstein Rodan, P. N. "Problems of Industrialization of Eastern and South-Eastern Europe", The Economic Journal, 1943, (53).

[99] Rugman, A. M. , "Inside the Multinationals The Economics of Internal Markets", Columbia University Press: New York.

[100] Salvador B. , Holger G. and Eric S. , "Foreign Direct Investment, Competition and Industrial Development in the Host Country", European Economic Review, 2005, (49).

[101] Silanes, Lopez de, "Trade Policy Subtleties with Multina-

tional Firms", European Economic Review, 1996, (40).

[102] Teece, D., Pisano, G., "The Dynamic Capabilities of Firms: an Introduction", Industrial and Corporate Change, 1994, (3).

[103] Ullah, A. and Roy N., "Nonparametric and semi parametric econometrics of panel data", Marcel Dekker Ag, 1998.

[104] Vernon, R., "International Investment and International Trade in the Product Cycle", The Quarterly Journal of Economics, 1966, (80).

[105] Wang, M., Sunny Wong, "What Drives Economic Growth? The Case of Cross-Border M&A and Greenfield FDI Activities", Kyklos, 2009, (62).

[106] Xiaodong, Wu, "The Impact of Foreign Direct Investment on the Relative Return to Skill", Economics of Transition, 2001, (9).

[107] Young, Allyn A., "Increasing Returns and Economic Progress", The Economic Journal, 1928, (38).

[108] Zhao, H., Luo, Y., Suh, T., "Transaction Cost Determinants and Ownership-based Entry Mode Choice: A Meta-analytical Review", Journal of International Business Studies, 2004, (36).

[109] Zhou Q., Michael M and Wang W. K., "Linear and Nonlinear Causality between Changes in Consumption and Consumer Attitudes", Economics Letters, 2009, (102).

[110] [英] 阿尔弗雷德·马歇尔著, 廉运杰译:《经济学原理》, 华夏出版社2005年版。

[111] 安苑、王珺:"地方政府财政行为周期性、产业成长与结

构失衡——基于产业外部融资依赖度的分析",《财经研究》2014年第11期,第29—43页。

[112] 白洁:"我国对外直接投资的技术进步效应研究",华中科技大学,博士论文。

[113] 常玉春:"我国对外直接投资的逆向技术外溢——以国有大型企业为例的实证",《经济管理》2011年第1期,第9—15页。

[114] 陈培钦:"生产率、资本回报率和增长率的良性互动——'中国奇迹'的一种新解释",《华中科技大学学报(社会科学版)》2013年第3期,第59—67页。

[115] 成力为、戴小勇:"研发投入分布特征与研发投资强度影响因素的分析——基于我国30万个工业企业面板数据",《中国软科学》2012年第8期,第152—165页。

[116] 褚敏、靳涛:"为什么中国产业结构升级步履迟缓——基于地方政府行为与国有企业垄断双重影响的探究",《财贸经济》2013年第3期,第112—122页。

[117] 杜传忠、李建标:"产业结构升级对经济持续快速增长的作用",《云南社会科学》2001年第4期,第30—32页。

[118] 方湖柳:"结构自组织能力:产业结构合理化的本质标准",《经济论坛》2003年第10期,第22—23页。

[119] 方军雄:"政府管制、市场化进程与非国有经济市场份额——来自中国工业企业分行业统计数据的证据",《产业经济研究》2011年第4期,第17—25页。

[120] 冯春晓:"我国对外直接投资与产业结构优化的实证研究——以制造业为例",《国际贸易问题》2009年第8期,第97—

104 页。

[121] 冯根福、刘志勇、王新霞："股权分置改革、产权属性、竞争环境与公司绩效——来自 2005—2007 年中国上市公司的证据"，《当代经济科学》2008 年第 5 期，第 37—44 页。

[122] 傅晓霞："企业研发效率测度与比较——以中国各地区大中型工业企业数据为例"，《管理工程学报》2011 年第 4 期，第 103—112 页。

[123] 傅元海、叶祥松、王战祥："制造业结构优化的技术进步路径选择——基于动态面板的经验分析"，《中国工业经济》2014 年第 9 期，第 78—90 页。

[124] 干春晖、郑若谷、余典范："中国产业结构变迁对经济增长和波动的影响"，《经济研究》2011 年第 5 期，第 4—16 页。

[125] 高秀艳："国际产业转移与我国产业升级问题探析"，《理论界》2004 年第 5 期，第 243—244 页。

[126] 葛顺奇、罗伟："中国制造业企业对外直接投资和母公司竞争优势"，《管理世界》2013 年第 6 期，第 28—42 页。

[127] 龚刚、杨光："论工资性收入占国民收入比例的演变"，《管理世界》2010 年第 5 期，第 45—55 页。

[128] 郭克莎："总量问题还是结构问题？——产业结构偏差对我国经济增长的制约及调整思路"，《经济研究》1999 年第 9 期，第 15—21 页。

[129] 韩永辉、邹建华、黄亮雄："我国产业结构优化的产业效应动态路径研究——基于面板数据的非参数估计"，《2013 年中国经济学年会入选论文》。

[130] 何德旭、姚战琪："中国产业结构调整的效应、优化升级目标和政策措施"，《中国工业经济》2008年第5期，第46—56页。

[131] 何骏："长三角地区服务业发展与集聚研究"，《上海经济研究》2011年第8期。

[132] 胡兴华、王孝仙："FDI模式的国际比较与中国的选择——对我国FDI模式存在问题的思考"，《财贸经济》2004年第11期，第70—76页。

[133] 黄亮雄、安苑、刘淑琳："中国的产业结构调整：基于三个维度的测算"，《中国工业经济》2013年第10期，第70—82页。

[134] 黄茂兴、李军军："技术选择、产业结构升级与经济增长"，《经济研究》2009年第7期，第143—151页。

[135] 黄速建、刘建丽："中国企业海外市场进入模式选择研究"，《中国工业经济》2009年第1期，第108—117页。

[136] 贾妮莎、韩永辉、邹建华："中国双向FDI的产业结构升级效应：理论机制与实证检验"，《国际贸易问题》2014年第11期，第109—120页。

[137] 江小涓："体制转轨与产业发展：相关性、合意性以及对转轨理论的意义"，《经济研究》1999年第1期，第35—44页。

[138] 江小涓："中国对外开放进入新阶段：更均衡合理地融入全球经济"，《经济研究》2006年第3期，第4—14页。

[139] 江小涓、杜玲："对外投资理论及其对中国的借鉴意义"，《经济研究参考》2002年第7期，第32—44页。

[140] 姜亚鹏、王飞："中国对外直接投资母国就业效应的区域差异分析"，《上海经济研究》2012年第7期，第43—53页。

[141] 蒋冠宏、蒋殿春、蒋昕桐："我国技术研发型外向FDI的'生产率效应'——来自工业企业的数据"，《管理世界》2013年第9期，第44—54页。

[142] 蒋冠宏、蒋殿春："中国工业企业对外直接投资与企业生产率进步"，《世界经济》2014年第9期，第53—76页。

[143] 蒋冠宏、蒋殿春："中国企业对外直接投资的'出口效应'"，《经济研究》2014年第5期，第160—173页。

[144] 金碚、吕铁、邓洲："中国工业结构转型升级：进展、问题与趋势"，《中国工业经济》2011年第2期，第5—15页。

[145] 孔淑红、曾铮主编：《国际投资学》，对外经济贸易大学出版社2005年版。

[146] 李梅："对外直接投资逆向技术溢出的地区差异和门槛效应——基于中国省际面板数据的门槛回归分析"，《管理世界》2012年第1期，第21—33页。

[147] 李善民、李昶："跨国并购还是绿地投资？——FDI进入模式选择的影响因素研究"，《经济研究》2013年第12期，第134—147页。

[148] [韩] 李贤珠："中韩产业结构高度化的比较分析——以两国制造业为例"，《世界经济研究》2010年第10期，第81—86页。

[149] 李延喜、包世泽、高锐："薪酬激励、董事会监管与上市公司盈余管理"，《南开管理评论》2007年第6期，第78—84页。

[150] 李泳："中国企业对外直接投资成效研究"，《管理世界》2009年第9期，第34—43页。

[151] [日] 铃木多加史："日本的产业构造"，《中央经济

社》1995年。

[152] 刘辉群、王洋："中国对外直接投资的国内就业效应：基于投资主体和行业分析"，《国际商务》2011年第4期，第82—87页。

[153] 刘明宇、芮明杰："价值网络重构、分工演进与产业结构优化"，《中国工业经济》2012年第5期，第148—160页。

[154] 刘伟、张辉、黄泽华："中国产业结构高度与工业化进程和地区差异的考察"，《经济学动态》2008年第11期，第4—8页。

[155] 刘志彪："产业升级的发展效应及其动因分析"，《南京师大学报（社会科学版）》2000年第2期，第3—10页。

[156] 鲁钊阳、廖杉杉："FDI技术溢出与区域创新能力差异的双门槛效应"，《数量经济技术经济研究》2012年第5期，第75—88页。

[157] 罗斯托：《经济成长的阶段：一篇非共产党宣言》，商务印书馆1962年版。

[158] 罗长远、张军："劳动收入份额下降的经济学解释——基于中国省级面板数据的分析"，《管理世界》2009年第5期，第25—35页。

[159] 毛其淋、许家云："中国对外直接投资促进抑或抑制了企业出口？"，《数量经济技术经济研究》2014年第9期，第3—21页。

[160] 毛其淋、许家云："中国企业对外直接投资是否促进了企业创新"，《世界经济》2014年第8期，第98—125页。

[161] 毛其淋、许家云："中国外向型FDI对企业职工工资报酬的影响：基于倾向得分匹配的经验分析"，《国际贸易问题》2014年

第 11 期，第 121—131 页。

[162] 聂爱云、陆长平："制度约束、外商投资与产业结构升级调整——基于省际面板数据的实证研究"，《国际贸易问题》2012 年第 2 期，第 136—145 页。

[163] [美] 钱纳里、鲁宾逊、塞尔奈因：《工业化和经济增长的比较研究》，三联书店上海分店 1989 年版。

[164] 邱斌、杨帅、辛培江："FDI 技术溢出渠道与中国制造业生产率增长研究：基于面板数据的分析"，《世界经济》2008 年第 8 期，第 20—31 页。

[165] 邱立成、于李娜："中国对外直接投资：理论分析与实证检验"，《南开学报（哲学社会科学版）》2005 年第 2 期，第 72—77 页。

[166] 沙文兵、石涛："外商直接投资的环境效应——基于中国省级面板数据的实证分析"，《世界经济研究》2006 年第 6 期，第 59—70 页。

[167] 盛龙、陆根尧："中国生产性服务业集聚及其影响因素研究——基于行业和地区层面的分析"，《南开经济研究》2013 年第 5 期，第 115—129 页。

[168] 史忠良、沈红兵："中国总部经济的形成及其发展研究"，《中国工业经济》2005 年第 5 期，第 58—65 页。

[169] 宋京："外国直接投资对我国产业结构升级的影响——对外贸易视角的分析"，《国际贸易问题》2005 年第 4 期，第 82—86 页。

[170] 宋凌云、王贤彬："政府补贴与产业结构变动"，《中国

工业经济》2013年第4期,第94—106页。

[171] 宋维加、王军徽:"ODI对母国制造业产业升级影响机理分析",《宏观经济研究》2012年第11期,第39—45页。

[172] 宋亚非:"中国企业跨过直接投资研究——理论思辨与战略构想",东北财经大学出版社。

[173] 苏东水:《产业经济学》,高等教育出版社2000年版。

[174] 隋月红:"'二元'对外直接投资与贸易结构:机理与来自我国的证据",《国际商务》2010年第6期,第66—73页。

[175] 隋月红、赵振华:"我国ODI对贸易结构影响的机理与实证——兼论我国ODI动机的拓展",《财贸经济》2012年第4期,第81—89页。

[176] 孙晓华、王昀、郑辉:"R&D溢出对中国制造业全要素生产率的影响——基于产业间、国际贸易和FDI三种溢出渠道的实证检验",《南开经济研究》2012年第5期,第18—35页。

[177] 孙兆阳:"工会发展与工资不平等:美英工会的标准化工资率策略",《浙江大学学报(人文科学社会版)》2013年第11期,第63—73页。

[178] 唐东波:"垂直专业化贸易如何影响了中国的就业结构",《经济研究》2012年第8期,第118—131页。

[179] 田巍、余淼杰:"企业生产率和企业'走出去'对外直接投资:基于企业层面数据的实证研究",《经济学(季刊)》2012年第1期,第383—408页。

[180] 田新民、韩端:"产业结构效应的度量与实证——以北京为案例的比较分析",《经济学动态》2012年第9期,第74—82页。

[181] 汪琦："对外直接投资对投资国的产业结构调整效应及其传导机制"，《国际贸易问题》2004年第5期，第73—77页。

[182] 王苍峰、司传宁："经济开放、技术进步与我国制造业的工资差距"，《南开经济研究》2011年第6期，第41—54页。

[183] 王然、燕波、邓伟根："FDI对我国工业自主创新能力的影响及机制——基于产业关联的视角"，《中国工业经济》2010年第11期，第16—25页。

[184] 王恕立、胡宗彪："中国服务业分行业生产率变迁及异质性考察"，《经济研究》2012年第4期，第15—27页。

[185] 王岳平："'十一五'时期我国产业结构变动趋势及政策建议"，《宏观经济研究》2004年第3期，第22—26页。

[186] 威廉配第，马妍译：《政治算数》，中国社会科学出版社2010年版。

[187] 魏下海、董志强、刘愿："政治关系、制度环境与劳动收入份额——基于全国民营企业调查数据的实证研究"，《管理世界》2013年第5期，第35—46页。

[188] 文东伟、冼国明、马静："FDI、产业结构变迁与中国的出口竞争力"，《管理世界》2009年第4期，第96—107页。

[189] 项本武："中国对外直接投资的贸易效应研究——基于面板数据的协整分析"，《财贸经济》2009年第4期，第77—87页。

[190] 谢千里、罗斯基、张轶凡："中国工业生产率的增长与收敛"，《经济学（季刊）》2008年第3期，第809—826页。

[191] 寻舸："促进国内就业的新途径：扩大对外直接投资"，《财经研究》2002年第8期，第77—80页。

[192] 亚当·斯密：《国民财富的性质和原因研究》，商务印书馆1979年版。

[193] 颜鹏飞、王兵："技术效率、技术进步与生产率增长：基于DEA的实证分析"，《经济研究》2004年第12期，第55—65页。

[194] 杨小凯、黄有光：《专业化与经济组织》，经济科学出版社2000年版。

[195] 杨小凯、张永生：《新兴古典经济学与超边际分析》，社会科学文献出版社2003年版。

[196] 杨子晖、温学莲："价格国际传递链中的'中国因素'研究——基于非线性Granger因果检验"，《统计研究》2010年第2期，第87—93页。

[197] 殷德生："市场开放促进了产业升级吗？——理论及来自中国制造业的证据"，《世界经济文汇》2012年第1期，第17—32页。

[198] 殷德生、唐海燕、黄腾飞："FDI与中国的高技能劳动需求"，《世界经济》2011年第9期，第118—137页。

[199] 喻美辞、熊启泉："中间产品进口、技术溢出与中国制造业的工资不平等"，《经济学动态》2012年第3期，第55—62页。

[200] 张海洋、刘海云："外资溢出效应与竞争效应对中国工业部门的影响"，《国际贸易问题》2004年第3期，第76—81页。

[201] 赵惟："近二十年中国产业结构的演变及其成因探析"，《现代财经》2005年第6期，第39—42页。

[202] 赵伟、古广东、何元庆："外向FDI与中国技术进步：机理分析与尝试性实证"，《管理世界》2006年第7期，第53—60页。

[203] 赵伟、江东："ODI 与母国产业升级：先行大国的经历及其启示"，《浙江社会科学》2010 年第 6 期，第 2—10 页。

[204] 郑若谷："产业聚集、增长动力与地区差距——入世以来我国制造业的实证分析"，《经济管理》2009 年第 12 期，第 14—22 页。

[205] 郑若谷："国际外包承接与中国产业结构升级和转型"，上海财经大学博士学位论文，2011 年。

[206] 郑展鹏："中国对外直接投资的地区差异、影响因素及溢出效应研究"，华中科技大学博士学位论文，2013 年。

[207] 周先波、田凤平："非参数估计方法在长江和珠江三角洲地区城镇居民消费支出中的应用"，《经济学（季刊）》2008 年第 4 期，第 1459—1476 页。

[208] 周先波、田凤平："中国城镇和农村居民医疗保健消费的差异性分析——基于面板数据恩格尔曲线模型的非参数估计"，《统计研究》2009 年第 3 期，第 51—58 页。

[209] 周振华：《产业结构优化论》，上海人民出版社 1992 年版。

图书在版编目（CIP）数据

跨国直接投资与产业结构升级/贾妮莎著.—北京：时事出版社，2018.8
ISBN 978-7-5195-0149-5

Ⅰ.①跨… Ⅱ.①贾… Ⅲ.①对外投资—直接投资—关系—产业结构升级—研究—中国 Ⅳ.①F832.6②F121.3

中国版本图书馆 CIP 数据核字（2017）第 247479 号

出 版 发 行：时事出版社
地　　　 址：北京市海淀区万寿寺甲 2 号
邮　　　 编：100081
发 行 热 线：(010) 88547590　88547591
读者服务部：(010) 88547595
传　　　 真：(010) 88547592
电 子 邮 箱：shishichubanshe@ sina. com
网　　　 址：www. shishishe. com
印　　　 刷：北京朝阳印刷厂有限责任公司

开本：787×1092　1/16　印张：14.25　字数：170 千字
2018 年 8 月第 1 版　2018 年 8 月第 1 次印刷
定价：88.00 元
（如有印装质量问题，请与本社发行部联系调换）